LES

JOURNAUX DE PARIS

PENDANT

LA COMMUNE

Tiré à **25** exemplaires numérotés sur papier fin de Hollan le — **5** fr.

    — **5** —   —   sur papier de Chine   — **10** fr.

    — **5** —   —   sur papier de Couleur   »

J. LEMONNYER

—

LES

JOURNAUX DE PARIS

PENDANT

LA COMMUNE

REVUE BIBLIOGRAPHIQUE COMPLÈTE

DE LA PRESSE PARISIENNE

du 19 Mars au 27 Mai

AVEC

L'Indication détaillée des Titres, Sous-titres,
Devises, Formats, Prix et Transformations de chaque journal
Les noms de ses Rédacteurs, Gérants et Imprimeurs ;
Le nombre de numéros parus ;
Les éditions doubles, les numéros rares
Les Réimpressions et le moyen de les reconnaître ;
etc., etc., etc.

ET

UNE TABLE ALPHABÉTIQUE

DONNANT LE PRIX-COURANT DE CHAQUE COLLECTION

—◆—

PARIS

J. LEMONNYER, Libraire

73, *Rue de Provence*, 73

PRÉFACE

A la prière de plusieurs amateurs, nous avons livré à l'impression les quelques notes que nous avions recueillies sur les journaux de la Commune.

Jusqu'ici le seul ouvrage à peu près sérieux qui ait paru sur la presse de cette époque, est l'*Histoire des Journaux* de M. Firmin Maillard. Malheureusement, au point de vue bibliographique, son livre est très-incomplet et ne peut guère servir de guide aux amateurs.

Nous avons apporté le soin le plus scrupuleux à ne donner que des renseignements puisés dans les journaux mêmes, et les collectionneurs peuvent accorder à ces quelques notes toute leur confiance. Il y aura sans doute des omissions : c'est inévitable dans un premier travail de cette nature. Nous recevrons avec reconnaissance toutes les rectifications qui nous seront adressées, afin d'en faire plus tard une publication supplémentaire.

Nous avons compris dans ces recherches, outre les publications qui, commencées avant la Commune, ont cessé de paraître pendant cette période, quelques grandes collections de journaux, telles que : *La Marseillaise, La Patrie en danger, Le Combat*, etc..... Par leur esprit et leurs tendances révolutionnaires, ces journaux se confondent tellement avec ceux de la Commune, qu'il est impossible de ne point les comprendre dans le même travail.

Nous préparons en ce moment le catalogue bibliographique des journaux parus à Paris pendant le siége, depuis le 4 septembre jusqu'au 19 mars. — Cette collection est rare, curieuse et intéressera, croyons-nous, beaucoup d'amateurs.

Nous nous proposons également de publier la notice complète des *Caricatures, pamphlets, canards* et *brochures politiques* parus pendant la Commune. — Cela est long, difficile, et nous aurons tout le loisir d'attendre l'accueil qui sera fait à nos premiers essais.

J. LEMONNYER.

Paris, le 15 octobre 1871.

LES

JOURNAUX DE PARIS

PENDANT

LA COMMUNE

L'ACTION

Rédacteur en chef : LISSAGARAY.

RÉDACTEURS : Henry Maret, Ch. Lullier, Jean Labour et Robert Halt.

Rédaction et administration : 7, r. Baillif. — Imprimerie Balitout, Questroy et Cⁱ, r. Baillif, 7. — Administrateur : Boudon.

Feuille simple, grand format. Prix : dix centimes.

Six numéros, du mardi 4 avril 1871 (14 germinal an 79), au dimanche 9 avril (19 germinal).

Ce journal débute par un violent article de Lissagaray, intitulé : « **A mort!** »

« *Ils ont bombardé Paris, sans sommation comme les Prussiens.* . . . .

« *Quant à ce journal, dont le projet était né avant le bombardement, il n'a à dire aux Républicains*

*qu'un mot : EN AVANT! Et son rédacteur en chef
dépose momentanément sa plume, ne comprenant à
cette heure qu'une manière de collaborer à l'action,
— avec un fusil, — sur les remparts. »*

En tête du n° 6, la Rédaction annonce que le lendemain étant le dimanche de Pâques, le journal ne paraîtra
pas. Elle aurait pu dire : *ne paraîtra plus* ; car ce fût son
dernier numéro.

L'AFFRANCHI

Journal des hommes Libres.

Rédacteur en chef : PASCHAL GROUSSET.

Rédaction et administration : 10, faub. Montmartre. —
Imprimerie Schiller. — Secrétaire de la Rédaction :
Ch. Dacosta. — Gérant : Minetti (son nom ne figure
qu'au n° 14).

RÉDACTEURS *principaux* : Olivier Pain, P. Vésinier,
A. Grandier, Eug. Kunemann, Morot, Barberet.

Feuille simple, gr. format. Prix : dix centimes, sauf
les quatre derniers qui furent mis à cinq centimes.

24 Numéros du dimanche 2 avril 1871 (13 germinal
an 79), au mardi 25 avril (6 floréal).

Ce journal succéda à la *Nouvelle République* qui
cessa sa publication le jour où la Commune fut constituée.
Il fut imprimé chez Schiller jusqu'au n° 8, 9 avril, et à
dater de ce jour, à l'Imprimerie nouvelle, Assoc.
ouvrière, 14, r. des Jeûneurs.

Au 12 avril, les bureaux de rédaction furent transférés du faub. Montmartre à la r. des Jeûneurs, n° 14.

Le sous-titre de : PASCHAL GROUSSET, *rédacteur en
chef*, fut supprimé à dater du samedi 22 avril. Une note
mise dans le n° du lendemain affirma que, depuis huit
jours, Paschal Grousset était complètement étranger à la
rédaction du Journal.

Quelques jours après, il cessa volontairement de
paraître, sur la prière de Grousset, qui écrivait : « *Il ne
faut point que les ennemis de la République aillent
criant partout que des journalistes de la Commune
suppriment des journaux pour mieux vendre les
leurs. »*

Celui qui avait *crié* cela était Rochefort, engagé dans une polémique violente avec Vésinier, au sujet d'un entrefilet fort injurieux pour lui, publié dans l'*Affranchi*.

___

L'AMI DU PEUPLE

Par A. VERMOREL, membre de la Commune.

Administration : r. du Croissant, n° 13.
4 Numéros, du dimanche 23 avril 1871 au samedi 29 avril. Prix : cinq centimes.

Les deux premiers, qui furent imprimés chez Vallée, 16, r. du Croissant, parurent en feuille in-8°, avec un curieux dessin surmonté de l'épigraphe suivante :

L'Ignorance, c'est l'esclavage.
L'Instruction, c'est la liberté.

La vignette, due au crayon de Randon, représente un citoyen donnant d'une main à des paysans la Déclaration des droits de l'homme, et, de l'autre, offrant à de jeunes enfants le catéchisme républicain.

En tête de son premier article, Vermorel disait : « *Ceci n'est point un journal.* » Malgré cela, au n° 3, le 28 avril, cette petite feuille se transforme en journal politique quotidien, grand format, feuille simple, imprimerie Dubuisson. — Bureau de rédaction : 5, r. du Coq-Héron. — Rédacteur-gérant : L. Picard.

Le journal ne vécut que jusqu'au quatrième numéro.

___

L'ANONYME

Journal politique.

Rédaction et administration : r. du Coq-Héron, 5.
Feuille simple, gr. format. Prix : dix centimes. — Imprimerie Dubuisson. — Gérant : Humbert.
2 Numéros seulement, parus les 11 et 12 mai 1871.

Ce journal qui fut supprimé pour son hostilité à la Commune, faisait suite à la *Paix*, autre transformation du *Bien public* de Vrignault. Il fut lui-même suivi du *Républicain*.

1.

L'AVANT-GARDE

Edition du soir du Moniteur du Peuple.

Administration et redaction : 16, rue du Croissant. — Imprimerie Vallée.

Feuille simple, grand format. Prix : Cinq centimes. Avait pris pour devise : « *Tout pour la Liberté.* » — « *Tout par la Liberté.* »

69 numéros du n° 386 (2e année), dimanche 19 mars, au n° 486, samedi 27 mai 1871. — Les n°ˢ 484 et 485 n'ont pas paru.

Rédacteurs : — G. Sol, G. de Frontenac, L. Boileau, Victor Bergeret, Georges d'Anglès, Schwartz, P. Gay.

Les numéros de l'*Avant-Garde* sont tous pairs jusqu'au n° 448, parce que ce journal alternait avec le *Moniteur du Peuple* qui paraissait le matin et portait les numéros impairs.

Au 19 avril, l'*Avant-Garde* ne publia plus qu'une édition du soir et depuis lors la numérotation fût régulière.

Le sous-titre change au n° 440. Au lieu de : *Edition du soir du Moniteur du Peuple*, il devient simplement : *Journal du Soir.*

Du n° 480 à la fin, au lieu de *Vallée* imprimeur, on lit : *Imprimerie spéciale de l'*Avant-Garde, *16, rue du Croissant.*

Beaucoup de numéros de ce journal ont eu des secondes et même des troisièmes éditions, mais toutes fort insignifiantes.

LE BONHOMME FRANKLIN

Avec cette épigraphe : *Eripuit cœlo fulmen, sceptrumque tyrannis* (Turgot). — Imprimerie Serrière et Comp., r. Montmartre, 123.

Feuille in-8', prix : 5 centimes.

Huit numéros. — Le premier porte comme date: *Lundi 10 avril* 1871 Les autres : *Avril* 1871 seulement.

Le premier numéro et les quatre derniers sont signés : *Le Bonhomme Franklin.* — Les numéros 2 et 3 : *Benjamin Franklin*, et le numéro 4 : *Bonhomme Franklin.*

Cette publication fût faite par Emile de Girardin qui, dans son premier article, attaqua vivement *Le Père Duchène* et consacra les autres numéros à prêcher une conciliation malheureusement impossible.

LE BONNET ROUGE

Rédacteur en chef : SECONDIGNÉ.

Rédaction et administration : 32, r. N.-D.-des-Victoires. — Imprimerie Le Douarin, Kim et Cⁱᵉ (assoc. ouvr.), r. N.-D.-des-Victoires, 32. — Secrétaire de la Rédaction : Lefèvre.

RÉDACTEURS : A. Saint-Léger, G. Dautray, H. Jacques, Le Guillois, Minimus, Polio, Ribérac.

Feuille simple, gr. format. Prix : deux sous, les 7 premiers numéros, et un sou les 6 autres.

13 Numéros du lundi 10 avril 1871 (21 germinal an 79), au samedi 22 avril (3 floréal). Succéda au journal le *Mont-Aventin*.

Le *Bonnet Rouge*, paraissant le soir, porta jusqu'au 19 avril la date du lendemain. Mais en tête du numéro 11 on lit la note suivante :

« *Aujourdh'ui que notre journal est mis en vente dès le matin, nous brisons avec la routine et faisons figurer la date réelle de son apparition.* »

C'est ce qui explique pourquoi les numéros 10 et 11 portent tous deux la date du MERCREDI 19 AVRIL.

Une idée assez originale était venue à Secondigné pour encourager les vendeurs de sa feuille. Il leur avait donné un bonnet phrygien dont ils se coiffaient lorsqu'ils vendaient le numéro dans les rues.

Au *Bonnet Rouge* brusquement interrompu le 22 avril, succéda l'*Estafette*.

LE BON SENS

Journal des honnêtes Gens.

Feuille double, petit format. Prix : 5 centimes. — Imp. J. Bonaventure, 55, q. des Grands-Augustins.

6 Numéros du 28 avril au 7 mai 1871.

Le nom du Rédacteur-gérant : *Maxime*, ne paraît qu'au numéro 2, ainsi que l'indication du bureau de vente, 55, q. des Grands-Augustins.

Au numéro 3, le journal n'est plus qu'une feuille simple, mais grand format, et le titre est imprimé en plus gros caractères.

Un décret de la Commune le supprima au 6ᵉ numéro.

Rare.

BULLETIN COMMUNAL

Organe des Clubs.

Administration : 86, Boul. de Sébastopol. — Rédaction : 14, r. des Jeûneurs. — Imprimerie nouv., (Assoc. ouvr.), 14, r. des Jeûneurs. Masquin et Cⁱᵉ.

Feuille simple, format moyen. Prix : 5 centimes.

Ce journal n'a eu qu'un seul numéro le samedi 6 mai 1871. Il rend compte de ce qui s'est passé au club de l'église St.-Nicolas-des-Champs, dont J. Paysant était le secrétaire.

Cette feuille, l'une des plus violentes de la Commune, rapporte entre autres motions, celle-ci, faite par le citoyen Sans :

« 1° *Je demande le rétablissement de la Loi des suspects sur preuves morales.*

« . . . .

« 3° *Tout citoyen qui refusera de servir la République les armes à la main sera fusillé.* »

Votée a l'unanimité.

Et le journal ajoute, à propos de cette dernière proposition :

Décrétez et exécutez cela.

De toute rareté.

LE BULLETIN DU JOUR

Bur. 10, faub. Montmartre. — Gérant respons. : Ulysse Ladet. — Imprimerie Schiller, 10, faub. Montmartre; (les deux premiers numéros ne portent pas de nom d'imprimeur.)

Feuille double, gr. format. Prix : 15 centimes.
Huit numéros, du mardi 16 mai au mardi 23 mai 1871.
A partir du numéro 3, on ajouta le sous-titre suivant :

LE BULLETIN DU JOUR
Par les Rédacteurs du TEMPS, *présents à Paris.*

Cette feuille fut créée par les rédacteurs du *Temps* après la suppression de ce dernier journal. Ils débutèrent par cette profession de foi, en somme fort peu courageuse :

« *Un journal supprimé a toujours le droit, et parfois le devoir de reparaître sous un autre titre ; mais la rédaction du* TEMPS *pense que, au point où en sont les choses, tout conseil serait inutile et toutes protestation sans vertu.* »

CAÏN ET ABEL

Rédacteur en chef : A. LE BÉALLE.

Avec cette épigraphe pour sous-titre :
« *Les hommes se sont mis en société pour s'aider les uns les autres, pour protéger Abel contre Caïn.* »
Gérant : Viollette. — Administration : r. d'Alembert, 11. — Dépôts de vente en gros : boul. Montparnasse, 90 ; r. d'Alembert, 11 ; av. d'Orléans, 29 ; r. du Croissant, 16.
Imprimerie de *Caïn et Abel*, Le Béalle, 90, boul. Montparnasse.
Feuille simple, petit format. Prix : 5 centimes.
Trois numéros du 15 au 17 avril 1871.
Collection précieuse par sa rareté.

LA CARICATURE

Politique.

Paraissant le mercredi et le samedi.
Bureaux : 64, r. Nve-des-Petits-Champs. — Imprimerie Balitout, Questroy et Cie, r. Baillif, n° 7. — Dessinateur : Pilotell.
Feuille double, moyen format, dessins coloriés. Prix : 10 centimes.

Six numéros. Les cinq premiers parurent du 8 février au 11 mars 1871.

Le numéro 2 fût saisi. Il représente une guillotine toute rouge, avec la légende suivante :

« *Offert par la Caricature à l'Assemblée nationale pour l'exécution des J... f... de membres de la trahison nationale.* »

La *Caricature* fut supprimée au cinquième numéro par le général Vinoy et ne reparut plus qu'une seule fois pendant la Commune, le jeudi 23 mars, n° 6. Le format est un peu plus grand que celui des cinq premiers numéros et le titre ne contient plus que ces quatre mots :

LA CARICATURE
par Pilotell.

LA CARMAGNOLE

Feuille double, petit format. Prix : 10 centimes.

Un numéro spécimen : 10 février 1871, et cinq numéros du 24 février au 2 avril.

Gérants : Léon Bienvenu, pour le numéro spécimen, les numéros 4 et 5; et Saillant pour les numéros 1, 2, 3. — Imprimerie Vallée, 16, r. du Croissant.

Au-dessus du titre, une vignette représentant des gens de tous les pays, se tenant par la main, et dansant la Carmagnole autour d'un trône à moitié renversé et des attributs de la royauté.

Pour épigraphe, un seul mot : « *République!...* »

En tête de chaque numéro se trouve une chanson comique avec l'air noté.

A partir du numéro 1, vente en gros chez Saillant, 5 et 10, r. du Croissant.

Les caractères du titre sont modifiés aux deux derniers numéros. Ceux-ci portent au-dessus du filet du titre, l'indication suivante : *Paraît le Dimanche.* Le sous-titre de : *Par Touchatout* est supprimé.

Petit journal très-mordant, dont voici le programme :

« NOTRE PROGRAMME.

« *Il est court. Il est clair.*

« *A propos de tout ce que tripotent, renversent et remplacent les hommes politiques qui se contentent*

*de changer tous les vingt ans l'étiquette de la bouteille
à l'encre gouvernementale, se poser et leur poser l'é-
ternelle, la seule question sérieuse :*

« QU'Y GAGNE LE PEUPLE ? »

LE CHATIMENT

Journal quotidien (Édition de Paris).

Rédacteur en chef : ALFRED SIRVEN.

Directeur : Anat. de Montferrier. — Administration
et rédaction: 17, faub. Montmartre. — Administrateur-
gérant : E. Delaporte. — Imprimerie Nouvelle, 14,
r. des Jeûneurs. Masquin et Cⁱᵉ, du n° 18 au n° 27. —
C'est Turfin, Cour des Miracles, qui imprime les n°ˢ 28
et 29, et du n° 30 à la fin, c'est Le Douarin, Kim et Compagnie, r. N.-D.-des-Victoires, 32.

Ce journal, dont les 17 premiers numéros parurent à
Bordeaux, commença sa publication à Paris, au n° 18,
(jeudi 23 mars 1871), pour finir au n° 39 (jeudi 13 avril).
En tout 22 numéros à dix centimes.

Du n° 18 au n° 20, feuille double, moyen format. Du
n° 21 à la fin, feuille simple, grand format.

Les caractères d'impression ont varié quatre fois dans
le titre du journal : aux n° 18, 21, 22 et 28. Dans le
n° 22, on a changé le sous-titre de : *Journal quotidien*
en *Journal politique quotidien.* Enfin, du n° 31 à la fin,
on a mis au titre, comme épigraphes, deux strophes des
Châtiments de Victor Hugo.

Par suite d'une erreur de numérotation, le n° 32
n'existe pas : — N° 31, mercredi 5 avril. — N° 33, jeudi
6 avril.

Le 10, le journal ne parut pas : Le N° 37 portait
comme date : *Lundi et mardi, 10 et 11 avril.*

On a toujours annoncé comme devant paraître le lendemain, un feuilleton de Sirven, intitulé : LES POLISSONS
DE L'EMPIRE, *Etude de Mœurs.* — N'a jamais paru,
non plus qu'une *Némésis républicaine*, par A. Burtal,
qui devait se trouver dans le n° du mardi de chaque semaine.

LES CHEFS RÉVOLUTIONNAIRES

Par le citoyen VINDEX.

Vente en gros, chez Heyman et Polack, 6, r. du Croissant. — Imprimerie de l'Association générale, 19, faub. S.-Denis.

Feuille in-8°, n° 1. — Prix : cinq centimes.

Dans ce premier numéro, l'auteur donna la biographie de Flourens.

« *Je raconterai en même temps*, dit-il, *la vie des hommes généreux qui poursuivent la grande lutte, soit en guidant les légions parisiennes, soit dans les conseils de la Commune révolutionnaire.* »

N'a eu qu'un numéro.

Le citoyen Vindex, auteur de plusieurs pamphlets violents contre la famille Bonaparte, n'est autre que l'abbé Guénot, auteur des *Révélations d'un curé démissionnaire*.

———

LE COMBAT

Directeur politique : FÉLIX PYAT.

Administrateur-Gérant : Cl. Béguine, du n° 1 au n° 90 (14 décembre) et E. Bonnefond, du n° 91 à la fin. — Secrétaire de la Rédaction : Od. Delimal. — Bureaux provisoires : 5, rue du Coq-Héron. — Bureaux de vente : 13, rue du Croissant. — Imprimerie Dubuisson, 5, rue du Coq-Héron.

Feuille double pour les six premiers numéros et simple du n° 7 à la fin. — Grand format. — Prix : Dix centimes.

Le mercredi 21 septembre, les bureaux sont installés définitivement rue Tiquetonne, 66.

131 numéros, du vendredi 16 septembre 1870 (29 fructidor an 78), au lundi 23 janvier 1871 (3 pluviôse an 79).

RÉDACTEURS *principaux* : A. Rogeard, G. Duchêne, Gromier, Millière, Ch. Gérardin, Ch. Chassin, E. Teulière, Henri Brissac, P. Alavoine, Benj. Gastineau, Maurice Lachâtre, Emile Clerc, B. Malon, Villiaumé,

P. Vésinier, F. Gambon, Pierre Denis, Jules Troubat, Henri Maret, Cam. Bias. E. Vaillant, Cam. Clodong, E. Goupil, Daubès, Sidney, Capdevielle.

Le n' 31, dimanche 16 octobre, est mal daté et mal numéroté. Il porte par erreur : n° 30, samedi 15 octobre. — On peut reconnaître le n° 31 au premier article qui a pour titre : *Les Invasions.*

C'est dans le n° 43, du 28 octobre, que Félix Pyat dévoila pour la première fois la trahison de Bazaine et la reddition de Metz.

Le numéro 94 porte la même date que le n° 93 : *Samedi 17 octobre.*

« *Parce que,* dit le journal, *sous la République qui doit être un régime de franchise, la presse ne doit pas antidater ses publications.* »

Supprimé par le gouvernement de la Défense nationale, le *Combat* fut remplacé par le *Vengeur* quelques jours après (3 février).

LA COMMUNE

Journal politique quotidien.

Par des Rédacteurs du *COMBAT* et du *VENGEUR.*

Administration et rédaction : 66, r. Tiquetonne. — Administrateur-gérant : A. Capdevielle. — Imprimerie Dubuisson et Cie, 5, r. du Coq-Héron.

Feuille simple, grand format. Prix : dix centimes.

60 Numéros, du lundi 20 mars 1871 (29 ventôse an 79), au vendredi 14 mai (30 floréal).

En tête du premier numéro se trouvait la déclaration suivante :

« *La rédaction de la* Commune *est entièrement composée des rédacteurs du* Combat *et de la* Marseillaise.

« *Cette déclaration nous dispense de formuler un programme.* »

Rédacteurs : Odilon Delimal, H. Brissac, H. Maret, Cam. Clodong, Em. Clerc, Capdevielle, Ségoillot, Rogeard, A. Monnanteuil, Georges Duchêne, Mme André Léo.

Millière entra au journal le 9 avril (n° 21), et ne tarda pas à en faire son organe personnel.

Le n° 1 parut le soir ; le lendemain le n° 2 paraissait à 7 heures du matin et du n° 20 (8 avril) à la fin du journal, la mise en vente fut faite à 2 heures d'après-midi.

LA COMMUNE DÉVOILÉE

Par un ami des Travailleurs.

Au-dessous, cette devise : *Labor improbus omnia vincit. — Par un travail opiniâtre, on peut tout vaincre.*

En vente chez Chatelain, 13, r. du Croissant. — Imprimerie Vallée, 16, même rue.

Feuille simple, petit format. Prix : cinq centimes.

N'a eu que le numéro 1, sans date, signé : Charles PETIT, adjoint au maire d'Asnières (Seine).

LA CONSTITUTION
Politique et Sociale.

Rédacteur en chef : Alph. BEAU de ROCHAS.

Administration, rédaction et annonces : 11, faub. Montmartre. — Imprimerie Schiller, 10, faub. Montmartre.

RÉDACTEURS : J. Robert, J. de Gastyne, C. Morel, F. Dubreuil, Louis Barse, H. Aubertin, Fortin.

Sept numéros, du jeudi 18 mai au samedi 27 mai 1871. Au-dessus du titre, cette devise : LABOREMUS !

N° 1, feuille double, gr. format; du n° 2 à la fin, feuille simple gr. format. — Prix : dix centimes.

La *Constitution*, qui remplaça le *Régime constitutionnel*, attaqua vivement les actes de la Commune.

Il ne parut point le vendredi 19 mai, à cause de l'Ascension.

Le n° 5, du 23 mai, est imprimé d'un seul côté.

Le 24 et le 25, la bataille qui se livrait dans Paris empêcha la publication du journal. Mais dès le 26, il est le premier à reparaître, lorsque l'insurrection est forcée de se replier vers Belleville et le Père-Lachaise, et dans un article intitulé : « VENGEANCE ! » J. de Gastyne écrit :

« .... *Nous ne pouvons que crier vengeance.*

« *Ces hommes ne sont plus des ennemis qui combattent : ce sont des assassins et des incendiaires.*

« *Qu'on les traite comme les hommes qui ont versé le sang et mis le feu.*

« *Qu'on ne fasse pas de quartier surtout aux étrangers qui sont à leur tête.................* »

Notons en passant une modification aux caractères d'impression du titre du n° 6. — Le n° 7 reparaît semblable aux cinq premiers.

A continué sa publication.

———

LE CORSAIRE

Journal quotidien.

Première année. — Rédaction : 123, r. Montmartre. — Bureau de vente : 21, r. du Croissant. — Gérant : G. Richardet (son nom ne figure qu'au 2ᵉ numéro). — Typographie Serrière et Cⁱᵉ, 123, r. Montmartre.

Feuille double, moyen format. Prix : cinq centimes. Contient cette épigraphe au-dessus du titre : *Vitam impendere vero.*

Neuf numéros, du lundi 8 mai au mardi 16 mai 1871.

En tête du premier numéro, la Rédaction, qui n'était autre que celle du *Petit National*, supprimé par la Commune, imprima cette déclaration :

« *Le* Corsaire *maintes fois supprimé par l'empire, reparaît plus vaillant que jamais.*

« *Le* Corsaire *sera toujours ce qu'il a été :*

« *Franchement et sincèrement républicain.* »

———

LE COURRIER DU DIMANCHE

Deuxième année. Série B. — N° 1 — 16.

Directeur-gérant : Et. Vattier. — Dépôt chez Lacroix, Verbœckhoven. — Imprimerie Em. Voitelain, r. J.-J. Rousseau, 61.

Rédacteurs : E. Vattier, Ch. Woinez.

Quatre numéros seulement, avec ces épigraphes de chaque côté du titre :

« *Justice.* » — « *Revanche.* »

N⁰ 1, dimanche 19 mars. Feuille in-4⁰, petit format. Prix : quinze centimes.

N 2 à 4, du dimanche 26 mars au dimanche 9 avril 1871. Feuille simple, gr. format. Prix : dix centimes.

Il y eut une deuxième édition du n° 2, tirée sur feuille double, en forme de placard et qui fut affichée. Elle portait aux angles, au-dessus du filet du titre : *deuxième édition*. Elle contenait de plus que le journal ordinaire deux petites nouvelles insignifiantes. Voici la seconde, mise sous forme de Post-Scriptum :

« *Aujourd'hui dimanche, plus de baïonnettes dans les rues; les élections ont lieu sans tumulte, ce qui fâche tout rouge les amis de M. Thiers.* »

Le *Courrier du Dimanche* avait débuté en avril 1870 et avait eu quinze numéros.

LE COURRIER DU SOIR

Journal quotidien

Paraissant à 7 h. du soir avec les dernières nouvelles. Numéro 1, mardi, 25 avril 1871. — Feuille simple, petit format. Prix : 5 cent. — Imprimerie Balitout, Questroy et C⁰, 7, rue Baillif.

Cette publication n'a eu qu'un numéro donnant le rapport de l'entrevue de la délégation franc-maçonnique avec M. Thiers.

LE CRICRI

Porte comme signature : E. YOUNG. — Vente chez Plataut et Roy, 15, r. du Croissant. — Imprimerie Alcan-Lévy, 62, boul. de Clichy (n⁰ˢ 1 et 2), et r. Lafayette, 61, du n⁰ 3 à la fin.

Feuille double, pet. format. Prix : 10 centimes.

5 numéros, sans date, qui ne se composent que de fables et de pièces de vers absolument inintelligibles. — Celles-ci ont pour titre : *Le Temps*, — *Narcisse*, — *Remède contre la crainte de la mort*, — *l'Immortalité*, — *l'Amitié*.

Très-rare.

LE CRI DU PEUPLE

Journal politique quotidien.

Rédacteur en chef : JULES VALLÈS.

Administration et rédaction : 61, r. de Rennes. — Bur *il many* de vente : 9, r. d'Aboukir et, 13, r. du Croissant. — *14* A. Chevallier, gérant et imprimeur, 9, r. d'Aboukir.

Feuille simple, format moyen, du n° 1 au n° 5, — gr format du n° 6 à la fin. — Prix: 5 cent.

83 numéros du mercredi 22 février au mardi 23 mai 1871.

Dans son premier n°, J. Vallès prédisait l'arrivée du socialisme :

« *La Sociale arrive, entendez-vous! Elle arrive a pas de géant, apportant, non la mort, mais le salut. Elle enjambe par-dessus les ruines, et elle crie* : MAL-HEUR AUX TRAITRES ! MALHEUR AUX VAINQUEURS ! »

Avec Vallès, collaboraient au début du journal : H. Bellenger, H. Bauer, E. Vermesch, Cas. Bouis, J.-B. Clément, Al. Breuillé, Henri Verlet, L. Lucipia, A. Goullé.

Pendant la Commune, la Rédaction s'augmente de : Pierre Denis, Ch. Rochat, G. Courbet, André Léo, Ma-réchal. — Quant à Vermesch il avait quitté le journal pour s'occuper du *Père Duchêne.*

Le *Cri du Peuple* tant par ses modifications que par ses erreurs de numérotation est un des journaux les plus difficiles à donner au point de vue bibliographique. — Pour plus de clarté, nous le suivrons au jour le jour.

N° 6, lundi 27 février. — Paraît en grand format. La rédaction et l'administration sont désormais, 9, rue d'A-boukir.

N° 8, mardi 1er février, Edition du matin. C'est une erreur. Il devrait porter : mercredi 1er mars. *Ed. du matin.*

Ce n° contenait une déclaration des Comités de la Cor-derie engageant le peuple à rester calme, lors de l'entrée des Prussiens dans Paris.

Cette déclaration fût tirée en placard, dans la forme ordinaire du journal, avec le même titre, sous le n° 8, mais sans date, imprimerie Towne et Vossen, 9, r. d'A-boukir, et affichée dans les faubourgs et sur les boule-vards.

N° 9, mercredi 1er mars, nouvelle édit on. — Est encadré d'un filet de deuil. C'est le seul de toute la collection.

Le 2 et le 3 mars le journal ne parût pas par suite de l'entrée des Prussiens dans Paris. Reparaît le 4 mars sous le n° 10.

N° 18, dimanche 12 mars. — C'est le dernier n° de la première série. Supprimé par décret du général Vinoy.

Le 19 mars, Jules Vallès fait paraître son journal sous le titre du DRAPEAU : mais la révolution du 18 mars lui permet de reprendre son ancien titre.

N° 19, mardi 21 mars. — Réapparition. — H. Rolle, gérant et imprimeur, 9, r. d'Aboukir. — H. Bellenger, secrétaire de la rédaction.

N° 21. — C'est la 2e édition du n° 20, mercredi 22 mars. Porte du reste la même date. — Rare.

N° 24, samedi 25 mars — Jules Vallès, Imprimeur-Gérant, 9. r. d'Aboukir.

N° 30, samedi 1er avril. C'est une erreur. Ce dernier est le n° 31.

N° 7 samedi 13 mai. — C'est le n° 73, dont presque tous les exemplaires sont tirés avec cette erreur. — Vérifier les collections du *Cri du Peuple,* dont beaucoup contiennent ce n° pour le n° 7. — Le véritable n° 7 est du mardi 28 février.

Enfin *n° 74, dimanche, 14 mai.* — Gérant : J. Vallès. — Imprimerie Dubuisson et Cie. — Rédaction, bur. de vente et administration, 8, rue d'Argout.

LA DISCUSSION

Rédacteur en chef : A. GALLIER.

g ai le n°6. Bureaux et rédaction : 10. faub. Montmartre. — Imprimerie Schiller.

Feuille double, grand format. Prix : 15 centimes.

Cinq numéros du vendredi 12 mai au mardi 16 mai 1871.

Fût fondé par une partie de la rédaction du *Temps.* Forcé par la Commune de cesser sa publication, il reparût aussitôt sous le titre de : LA POLITIQUE.

Dans le premier numéro de la *Discussion,* M. Gaulier disait :

« Il y a tout lieu de s'étonner que tout le monde ne soit pas convaincu de l'impuissance radicale de la force dans les choses politiques.

« *C'est po irquoi nous en sommes convaincus, quant à nous ; c'est parce que nous ne verrons jama's, dans la force, qu'un déplorable pis-aller, que ce journal s'appelle la* DISCUSSION. »

LE DRAPEAU
Journal politique quotidien.

Administration et rédaction: 9, r. d'Aboukir. — Bureau de vente : 13, r. du Croissant. — H. Rolle, Gérant responsable. — Typ. Rouge frères et Cⁱᵉ, r. du Four St-Germain, 43.

N'a paru qu'une seule fois, le dimanche 19 mars, sous le numéro 25, 2 année.

Feuille double, petit format. Prix : 5 centimes.

Ce journal fût redigé par J. Vallès, J.-B. Clément, Casimir Bouis et doit être classé dans la collection du *Cri du Peuple.* Les rédacteurs de cette dernière feuille, pour continuer leur publication en éludant le décret Vinoy, avaient dû prendre le titre d'un ancien journal.

L'avènement de la Commune, le 18 mars, permit au *Cri du Peuple* de reprendre son ancien titre et de continuer sa publication.

LE DRAPEAU ROUGE
Revue hebdomadaire, politique, critique et humoristique.

Petite brochure autographiée de huit pages, sans date, sous couverture rouge, toute surchargée de triangles et de formules démocratiques bizarrement disposées. Prix : 10 centimes.

Imprimerie Rouzeau. — Vente en gros: 6, r. du Croissant. — Bur. et abonnements : 3, r. Chérubini.

Un seul numéro.

Le premier article de cette revue est signé : *Le Franc-Gaulois ;* le second : *Le Franc-Breton.* — Une chansonnette qui a pour titre : LES SUSCEPTIBILITÉS RÉPUBLICAINES, est signée : *René Girard.*

Le titre est inscrit sur un drapeau tenu à la main. Au-dessous, cette épigraphe :

« *Si pour le peuple enfant, on invente les fables, pour le peuple viril, il faut la vérité.* »

L'ECHO DE PARIS

National, Politique et Littéraire.

Rédacteur en chef : EDOUARD HERVE.

Bureaux r. du Coq-Héron, 5. —Imprimerie Dubuisson.
Feuille double, petit format. Prix : 5 centimes.
Porte pour devise : « *Fluctuat nec mergitur.* »
Trois numéros du mercredi 17 mai au vendredi 19 mai 1871.

Continuation du *Journal de Paris* supprimé le 15 mai par la Commune.

REDACTEURS : E. Hervé, Richard de Lavallée, Charles Lintilhac.

L'ECHO DU SOIR

Journal de la dernière heure.

Administration: 20, r. du Croissant. — Bur. : 123, r. Montmartre. — Gérant : Laurent. — Imprimerie Serrière et C', rue Montmartre, 123.

Feuille double, grand format. Prix : 15 centimes.
Six numéros, du mercredi 26 avril au lundi 1ᵉʳ mai 1871, jour où il fut supprimé par la Commune.

REDACTEURS : Georges Ebstein, Albert Mo'snard, Arnold Mortier, Pierre du Croisy.

Les quatre premiers numéros ne portaient point de signature.

Le *Vengeur* ayant annoncé que le *Soir* avait reparu à Paris sous le titre de l'*Echo du Soir*, M. Pessard nia le fait dans une note qu'il adressa à la presse.

A cela l'*Echo du Soir* répondit :

« *Nous n'avons rien de commun avec le journal le* SOIR (*de Versailles*), *ni administration, ni rédaction*

« *La vérité est que tous les rédacteurs du journal le* Soir *et tous les collaborateurs, restés à Paris, réunis à plusieurs rédacteurs des journaux récemment supprimés, ont fondé le journal l'*Echo du Soir. »

L'ESTAFETTE

Administration: r. de la Bourse, 3. — Rédaction: r. N.-D.-des-Victoires, 32. — Gérant : Lefèvre. — Imprimerie spéciale de l'*Estafette*.

Rédacteurs : Secondigné, qui a signé *Le Père André* dans les numéros 1, 2 et 13, Georges Dautray, A. Saint-Léger, L. Hugonnet, C. Barrère, Max. Vuillaume, Le Guillois, Ribérac.

Feuille simple, grand format. Prix : un sou.

30 numéros, du dimanche 23 avril 1871 (4 floréal an 79), au mardi 23 mai (4 prairial).

Le premier numéro de l'*Estafette* eut le soir une deuxième édition, donnant les rapports militaires de la journée. Ce fut la seule. Le lendemain, le journal annonça que désormais il n'aurait qu'une édition du matin.

Le lundi 24, l'*Estafette* ne parût pas, sans doute pour écouler les numéros invendus de la veille.

A dater du 1er mai (n° 8), elle est toute parsemée de petites charges, dessinées par Randon, et mises en guise de fleurons.

Le sous-titre de : Secondigné, *rédacteur en chef*, apparaît pour la première fois au numéro 10 (3 mai).

Le numéro 12 est par erreur daté du jeudi 4 mai, au lieu de : *Mercredi, 5 mai*.

Le 6 mai (n° 13), les bureaux de rédaction furent réunis à l'administration, 3, r. de la Bourse.

L'*Estafette* fût la continuation du *Bonnet Rouge*.

L'ÉTOILE

Journal des dernières nouvelles.

Administration: 123, r. Montmartre. — Gérant: A. Dubois. — Imprimerie Serrière et Cie, 123, r. Montmartre. Feuille double, grand format. Prix : 15 centimes.

Huit numéros, du vendredi 5 mai 1871 au vendredi 12 mai.

Ce journal, qui avait continué l'*Echo du Soir*, a donné le commencement d'un feuilleton d'Alex. Bouvier, intitulé : *Les Soldats du désespoir*.

Le Bulletin de la Bourse et des Marchés est signé F. Perrin. — Il n'y a point d'autre signature dans le journal.

Supprimé le 12 mai par la Commune.

LE FAUBOURG

Journal politique quotidien

Rédacteur en chef : GUSTAVE MAROTEAU.

Rédaction et administration : 19, faub. St-Denis. — Imprimerie de l'Assoc. typogr. faub. St-Denis, 19. Berthélemy et Cie.

Feuille simple, moyen format. Prix : 5 centimes.

Un seul n°, le dimanche 26 mars 1871. — *2e année,* — n° 1, — *2e série.*

La première série avait paru sous l'Empire. Elle se composait de deux numéros et d'un numéro spécial dont tout le monde se rappelle encore la violence.

Du reste, dans l'unique numéro du *Faubourg* paru sous la Commune, Maroteau se montre toujours le même :

« *Trompette ! souffle à faire crever ton cuivre !*
» — *Qui vive ?*
» — *Le Peuple.*
» *La grande armée des parasites, des lâches et des voleurs, veut nous barrer la route au nom de Dieu et du roi, de la gabelle et du bénitier.*
» *Feu ! sur les cosaqves et vive la République !*
«..
» *Vive la sociale !.. »*

LE FÉDÉRALISTE

Rédacteur en chef : ODYSSE-BAROT.

Administration et rédaction : 11, r. du faub. Montmartre. — Dir.-gérant : Victor Philipaux.

Bureau de vente : 7, r. du Croissant. — Imprimerie Schiller, 10, faub. Montmartre.

Feuille simple, grand format. Prix : 10 cent.

N'a eu que deux numéros les dimanche et lundi 21 et 22 mai 1871. Ce journal a commencé la publication d'un roman de Odysse-Barot, intitulé : *Gustave Flourens*.

RÉDACTEURS : Barot, V. d'Aigurande, V. Philipaux, Concevreux.

Une phrase du rédacteur en chef suffira pour faire apprécier la couleur du journal :

« .... *M. Thiers, malgré l'effronterie de ses mensonges, avoue, malgré lui, que les affaires de la réaction vont mal. Oui, M. Thiers a raison. Nous croyons, nous aussi, que jamais* NOUS N'AVONS ÉTÉ PLUS PRÈS DU BUT. »

LA FÉDÉRATION COMMUNALE
Etude.

Plutôt un placard qu'un journal. — Feuille simple, grand format. Prix : 10 cent. — Imprimerie Alcan-Lévy, 61, r. Lafayette. — Signé : MENIER.

Projet de constitution « *basé sur ce théorème : Que le peuple est souverain, sa souveraineté imprescriptible, inaliénable et qu'il nomme des fonctionnaires toujours révocables, toujours contrôlables, toujours responsables, au lieu de déléguer des substituants de sa souveraineté, autrement dit des tyrans.* »

LA FÉDÉRATION RÉPUBLICAINE
DE LA GARDE NATIONALE.

Extrait de la séance du 24 février : — STATUTS DU COMITÉ CENTRAL. — En vente chez Chatelain, 13, r. du Croissant. — Imprimerie de l'Assoc. gén.. typogr., Berthélémy et Cⁱᵉ, sauf le numéro 3 qui fut imprimé par Turfin et Juvet, cour des Miracles.

Feuille simple, moyen format, sauf le n° 4, grand format. Prix: cinq centimes, les trois premiers numéros, et dix centimes le n° 4.

Quatre numéros. — Le premier, sans n°, 25 février 1871 ; — Le second, également sans n° d'ordre,

7 mars ; — n° 3, 12 mars ; — n° 4, samedi 15 avril.

Tous les titres diffèrent entre eux, sauf les deux premiers qui sont les mêmes.

Le premier numéro est consacré presqu'en entier au rapport de la commission chargée de rédiger les Statuts de la Fédération et dont G. Arnold était le rapporteur. Ce jour même, la Commission envoya aux journaux de Paris la note suivante :

« *L'Assemblée générale des délégués de la garde nationale réunis au Tivoli Waux-Hall, le 24 février, s'est constituée en Comité Central.*

« *Les propositions sont, après délibération, votées à l'unanimité :*

« *1° La garde nationale proteste par l'organe de son* « *Comité central, contre toute tentative de désarme-* « *ment et déclare qu'elle y résistera au besoin par les* « *armes ;*

« *2° Au premier signal de l'entrée des Prussiens à* « *Paris, tous les gardes s'engagent à se rendre im-* « *médiatement,* EN ARMES, *à leur lieu ordinaire de ré-* « *union, pour se porter ensuite contre l'ennemi enva-* « *hisseur.*

« *3° Dans la situation actuelle la garde nationale* « *ne reconnait plus d'autres chefs que ceux qu'elle se* « *donnera.*

« *Les délégués du Comité central se rendront de* « *suite à leur lieu de réunion pour y former un centre* « *d'action.* »

Le n° 2, daté du 7 mars 1871, donna les statuts définitifs adoptés par les divers comités réunis et fusionnés, et le rapport à l'Assemblée tenue au Tivoli Waux-Hall, séance du vendredi 3 mars : G. Arnold rapporteur.

Le n° 3 contient le *Rapport à l'Assemblée*, séance du 10 mars.

La *Fédération* prend à son 4e numéro le sous-titre de : ORGANE DU COMITÉ CENTRAL. — Rédaction et Administration : 90, r. Saint-Dominique. — Renseignements : 2, r. de l'Entrepôt. — Vente : 21, r. du Croissant.

Il contient un article signé : Edouard MOREAU. C'est la seule signature, avec celle de G. ARNOLD, que nous ayons remarquée dans cette publication.

Nous nous sommes étendus longuement sur la *Fédération Républicaine* à cause de son importance et de sa rareté. C'est elle, en effet, qui nous initie aux débuts de ce COMITÉ CENTRAL qui devait jouer un rôle si prépondérant quelques jours plus tard. Quand à sa rareté, elle est proverbiale parmi les amateurs et nous ne connaissons d'autre exemplaire complet que celui que nous devons à l'obligeance d'un journaliste de nos amis.

LE FÉDÉRÉ DES BATIGNOLLES

Un seul n°, en date du 25 avril, imprimerie Schiller.

Feuille simple, pet. format, imprimée d'un côté seulement. Prix : 10 cent.

Violente protestation des membres du Conseil de légion du 17ᵉ arr. contre les actes arbitraires du citoyen Jaclard, chef de la Légion.

Ce petit journal est l'un des plus rares de la Commune.

LE FILS DU PÈRE DUCHÈNE
ILLUSTRÉ

Paraissant deux fois par semaine.

10 nᵒˢ du 1ᵉʳ floréal an 79, au 4 prairial. — 8 pages in-8°, format du *Père Duchêne*. — Serrière, imprimeur. — Dépôt chez Gayet, 133, r. Montmartre. — Prix : 2 sous.

Le titre est imprimé sur fond rouge et chaque jour une charge nouvelle et coloriée ornait la première page du journal.

Le dessin du premier n° représente le fils Duchène, une pioche sur l'épaule, montant avec une échelle jusqu'à la statue de la colonne Vendôme. Au-dessous du dessin, la légende suivante :

« *Eh ben! bougre de canaille, on va donc te foutre en bas comme ta crapule de neveu !.....* »

Ce petit journal, rédigé par A. Spoll, est une satire fine et mordante du *Père Duchêne*, dont il exagère à dessein toutes les grossièretés.

Les dessins sont signés : *Duchène fils* et le texte : LE FILS DUCHENE, *marchand de tuyaux de poéles.*

LE FLAMBEAU RÉPUBLICAIN

Etudes politiques et sociales.

Par A. JAMET.

Rédaction et administration : r. de Reuilly, 29. — Imprimerie Noizette et Cie, faub. St-Antoine, 159. — Petite brochure de 8 pages, sous couverture rouge. — Un numéro par semaine. — Vente chez Chatelain, 13, r. du Croissant.

Neuf numéros, du dimanche 26 février au samedi 13 mai 1871. — 20 c. le numéro, sauf le n° 9 qui est à 40 c.

La première livr. commence par cet appel de l'auteur :

« *A mes frères en démocratie, connus et inconnus.*

« *Sur la nécessité de créer une vaste association démocratique, qui embrasse tout le département de la Seine.* »

LA FLÈCHE

Journal politique, satirique, illustré.

Paraissant tous les samedis. — Directeur-gérant : J. Grognet. — Rédacteur en chef : Pierre Deschamps. — Dessins de Rosambeau. — Bureaux : 16, rue des Ecoles et chez Madre, 20, rue du Croissant. — Typographie Rouge frères et Cie, rue du Four-Saint-Germain, 43.

Feuille double, moyen format. Prix : Dix centimes.

COLLABORATEURS : André Lemoyne, Eug. de Rastignac, J. Andrey.

Cette publication n'eut que deux numéros, datés du 1er et du 8 avril 1871.

« *Nous livrerons*, dit-elle dans son premier numéro, *une bataille acharnée à tous les abus et, sans souci des représailles, nous ferons la bonne guerre qu'aimaient nos ancêtres, en face et en plein soleil.* »

Le dessin du second numéro est d'une originalité piquante : Il représente J. Favre, accusé, gardé à vue par deux gendarmes, défendu par J. Favre, avocat, contre

J. Favre, ministère public, lui-même étant président du tribunal. Au-dessous, ce quatrain :

> « *Il a sauvé de la potence*
> » *Plus d'un coquin, l'on sait cela.*
> » *Que dira-t-il pour la défense*
> » *De celui-là ?......* »

LA FRONDE ILLUSTRÉE

Journal politique hebdomadaire.

En vente : 13, rue du Croissant. — Rédaction, administration, réclamations : 9, Cour des Miracles. — Directeur-gérant : E. Bocquillon. — Imprimerie Turfin et Juvet, 9, Cour des Miracles.

RÉDACTEURS : E. Bocquillon, Jacques Communeux, Camille Barrère, un Frondeur.

Feuille double, moyen format. — 1re année, n° 1, Jeudi 27 avril 1871. — Prix : dix centimes.

Sur la première page, un dessin colorié de Montbard : *Les Assassins*.

En tête de la seconde, un programme dont nous extrayons les lignes suivantes :

« *Nous voulons absolument combattre tous les abus, dévoiler toutes les turpitudes et défendre notre chère République contre toute attaque monarchique.*

« *Nous emploierons de préférence la forme légère du pamphlet sans exclure toutefois le ton plus austère de la satire politique.* »

LA RÉDACTION.

N'a eu qu'un seul numéro.

LE GRELOT

Journal illustré, paraissant le samedi.

Bureaux chez Madre, 20, r. du Croissant. — Dessins de Bertall. — Imprimerie Ed. Blot, r. Bleue, 7.

Feuille double, grand format. Prix : 10 centimes. — 1re année, n° 1, dimanche 9 avril 1871.

Il y a un n° 7 bis, feuille simple, sans texte, dont le dessin représente le *Rat-Pyat*. — Paru le 28 mai.

Le n° 22 fut saisi avant la mise en vente. Le dessin, signé : *Caporal*, représentait M. Thiers, en marquis de l'ancien régime, aux pieds d'une vieille coquette, toute édentée. Elle porte dans ses cheveux une fleur de lys ; sur sa robe le mot : *Constituante*. — Au-dessous cette légende :

« *Que vont-ils constituer, grands dieux!* »

L'administration du journal remplaça aussitôt le dessin saisi par une autre dessin qui a pour titre : *Les deux empereurs*, par Bertall.

Le *Grelot*, a fait paraître sans date et sans n° une charge de Trochu, qu'il annonce comme un *supplément*, et intitulée : LE PLAN TROCHU, *seule histoire vraie du siége*.

Des agents de police trop zélés la saisirent dans les kiosques et chez plusieurs libraires. — Doit se classer dans la collection du *Grelot*, entre les n° 20 et 21.

A continué sa publication.

LA GUÊPE

Journal illustré.

Rédaction: r. Montmartre, 123. — Vente : r. du Croissant, 13. — Imprimerie Serrière et Cie, r. Montmartre.

Feuille double, moyen format. Prix : 10 centimes.

Un seul numéro, en date du dimanche 21 mai 1871. Le titre est orné d'une vignette.

La première page contient un dessin colorié, intitulé : *Les Sauveurs*, par Spills. Au-dessous, ces deux vers de Béranger :

« *Ca vous f'ra du bien tout d'suite,*

» *Ca vous f'ra du bien.* »

Cette publication n'était qu'un persifflage des rapports mensongers de la Commune.

L'HOMME

Organe politique et quotidien de la fédération universelle.

Rédacteur en chef : L. MARETHEUX.

Bureaux : 55, q. des Grands-Augustins. — Directeur-gérant : L. Maretheux. — Sécrétaire de la Rédaction : Édouard Roland.— Imprimerie du journal l'HOMME, quai des Grands-Augustins, 55.

Feuille double, moyen format. Prix : 10 cent.

Sept numéros, du jeudi 19 ventôse 79 (9 mars 1871), au 25 ventôse (mercredi 15 mars).

Notons en passant une modification dans le titre des trois derniers numéros. Le caractère est beaucoup plus fort.

REDACTEURS : Aug. Desmoulins, A. Morel, Paulin Sarrut, Albert Clément, Dutemple, Al. Bouvier, Angel, Doyell.

L'*Homme* avait fait sa première apparition en 1870. Il avait eu onze numéros en tout, du 15 mai au 24 juillet. La Rédaction, en annonçant la reprise de cette publication, dit dans sa DÉCLARATION :

« *Nous n'avons point la volonté de déguiser notre indignation pour les traîtres, ainsi que notre profond mépris pour les fauteurs de restauration monarchique. Tout ce que nous écrirons portera inévitablement ce double cachet.* »

Cette publication se continua à partir du n° 8 sous le titre de : l'*Homme Libre.*

L'HOMME LIBRE

Organe politique et quotidien de la fédération universelle.

Rédacteur en chef : L. MARETHEUX.

Bureaux du journal : 55, quai des Grands-Augustins. — Même administration et même rédaction que le journal l'*Homme*, dont il n'est que la continuation.

Feuille simple, grand format. Prix : 10 cent.

Cinq numéros, du n° 8, 26 ventôse 79 (vendredi 17 mars 1871) au n° 12, 18 germinal (vendredi 7 avril).

En tête du n° 11, le Secrétaire de la Rédaction annonce qu'une société va se fonder pour constituer le journal sur des bases plus larges et plus solides.

« *Pour nous ménager*, dit-il, *le temps de terminer cette affaire au plus vite, nous sommes revenus un moment, à la publicité hebdomadaire.* »

Cette note explique la date des deux derniers numéros qui n'est pas régulière : N° 10, 18 mars ; — n° 11, 25 mars ; — n° 12, 7 avril.

En tête du numéro 12 et dernier, on peut lire la curieuse note que voici :

« *A partir d'aujourd'hui* l'Homme libre *paraîtra tous les jours.* »

L'HONNEUR NATIONAL
Journal illustré d'actualités.
Paraissant deux fois par semaine.

Direction, rédaction et administration : 26, rue Cadet. Feuille double, grand format. Prix : 10 cent.

RÉDACTEURS : Henry de Lamonta, Ernest Delattre, Spes.

Le titre est inscrit sur une banderolle flottant au-dessus d'un camp gardé par un factionnaire. A gauche, ce sous-titre : *Politique, littérature, beaux-arts.*

Les treize premiers numéros parurent à Bordeaux du samedi 14 janvier 1871 au dimanche 12 mars, ainsi que l'annonce le fondateur, M. H. de Lamonta, en tête du n° 14. — Les n°ˢ 14, 15, 16 et dernier parurent à Paris, du 29 mars au jeudi 6 avril. — Imprimerie Alcan-Lévy 61, r. Lafayette.

L'INDÉPENDANCE FRANÇAISE
Journal politique quotidien.

Rédaction: 13, r. du Helder. — Vente: 7, r. du Croissant. — Directeur-gérant : Ed. Sternheim. — Imprimerie Kugelmann, 13, r. du Helder.

Feuille simple, grand format. Prix : 10 centimes.

Huit numéros. — Les sept premiers parurent du samedi 13 mai 1871 au vendredi 19 mai, date de la suppression du journal. — Le huitième numéro, dont les caractères du titre sont modifiés, est du vendredi 26 mai. — Bureaux de vente : faub. Montmartre n° 11. — Gérant: Ed. Stern Heim. — Il fut imprimé chez Schiller, 10, faub. Montmartre et porte en tête la note suivante :

« L'INDÉPENDANCE FRANÇAISE, *supprimée par la concurrence des folliculaires de la Commune aurait reparu hier si la circulation avait été possible.......
Demain, le journal reparaîtra dans sa forme habituelle et continuera dans son feuilleton, le récit de l'*ASSASSINAT DU GÉNÉRAL BRÉA. »

Ce journal adopta, du n° 2 au n° 7, cette devise :

« L'INDÉPENDANCE FRANÇAISE *ne représente aucun parti politique ; son but unique est l'intérêt public et la régénération de la prospérité française par le travail et* LA PAIX. »

Dans le numéro du 26 mai, l'*Indépendance* est loin de sa première modération :

« *Ah ! les infâmes !... ah ! les brigands !..... ah ! les immondes !.....*

« *..... Un seul cri peut sortir de nos lèvres, et ce cri sera celui de tout français :*

PAS DE PITIÉ POUR CES INFAMES !...

« *Un seul châtiment peut expier de pareils crimes :*

LA MORT. »

JACQUES BONHOMME

Cahier in-8°, Imprimerie Schiller, 10, faub. Montmartre.

8 Numéros sans date (mai 1871). Prix : 5 centimes. En vente chez le citoyen Baudet, 13, r. du Croissant.

En tête se trouve une vignette représentant à gauche, une pièce de canon ; au centre : Jacques Bonhomme attisant un fourneau, et à droite, une crosse, une mitre, une couronne et une croix jetées en tas au pied de maisons en ruines. On lit dans la vignette : *La Commune ou la mort*. Cette devise disparut à partir du numéro 4.

Ce petit journal, à l'imitation du Père Duchêne, donnait chaque jour le sommaire du numéro.

Le premier contenait: « *La grande colère de Jacques Bonhomme contre les Journalistes qui se moquent du peuple et le dépravent au lieu de l'éclairer : ou le* PERE DUCHÊNE *dévoilé.* »

JOURNAL OFFICIEL

de la République française.

ÉDITION DU MATIN.

3ᵉ année. — Imprimerie et direction : quai Voltaire, 31. Wittersheim, imprimeur-gérant.

Feuille simple, grand format. Prix : quinze centimes.

67 numéros parus pendant la Commune, du n° 78, 19 mars 1871, au n° 144, 24 mai, (4 prairial an 79).

Le 19 mars, c'est le gouvernement Thiers qui dirige encore le journal. Le 20, le Comité central s'empara des presses, et sans modifier en rien la disposition du journal, en fait son organe officiel. M. Picard, à Versailles, ordonnait partout la saisie du journal de l'insurrection.

Quel fut le premier délégué à ce journal? Il serait difficile de le dire.

Lullier qui, après les événements du 18 mars, voulait jouer au dictateur, nomma *Lebeau*, directeur du journal. De son côté, *Ch. Longuet* avait obtenu du Comité central une nomination de délégué à l'*Officiel*, avec Vésinier et Lebeau comme collaborateurs. Il y eut conflit et scandale, et Longuet dut employer la force pour prendre possession de son poste. Quant à Lebeau il fut arrêté et mis en prison.

Le 30 mars, le *Journal Officiel* modifia son titre. Il s'intitula: *Journal officiel de la Commune de Paris*, 1ʳᵉ année, n° 1.

Ce fut tout. Le lendemain il reparaissait sous sa forme première : *Journal officiel de la République Française*, 3ᵉ année, n° 90, vendredi 31 mars.

Le 13 mai, le citoyen Vésinier remplaça Longuet comme délégué à l'*Officiel*. — Ce dernier avait eu le tort de laisser insérer les bulletins de Rossel, malgré les instructions du Comité de salut public.

Le mardi 16 mai, nouvelle modification du titre et changement de prix. En tête on lit: *Liberté, Egalité, Fraternité.* A gauche : *26 floréal an 79.* — *N° 136*; —A droite : *3e année, mardi 16 mai 1871.* — Prix 5 centimes le n°. Tous les détails relatifs à l'abonnement pour Paris et la province sont supprimés.

Jusqu'au 23 mai, c'est Wittersheim qui fut l'imprimeur du journal. Ce jour là il ne fut imprimé que d'un côté, en forme de placard.

Le 24, la Rédaction dut se replier devant l'armée de Versailles et le journal parut à l'Imprimerie nationale.

On a longtemps discuté pour savoir s'il existait un n° 145 de l'*Officiel.* Voici, croyons-nous, la vérité :

La Commune avait fait composer à l'Imprimerie Nationale un appel désespéré au peuple de Paris pour la défense des barricades. Devant l'irruption des troupes de Versailles, les fédérés se replièrent sur Belleville en emportant les formes de la dernière proclamation de la Commune. —C'était le 101e bataillon, nous a-t-on assuré. —Quelques gardes, anciens typographes, prirent possession des presses de l'imprimeur Prissette, passage Kussner à Belleville et imprimèrent ce placard. Il n'a ni date, ni numéro d'ordre ; seulement, pour faire bien comprendre qu'il n'émanait d'aucune faction, mais bien de la Commune elle-même, ils eurent soin de mettre en tête le mot : OFFICIEL.

C'est ce qui a pu donner lieu de croire qu'il existait un n° 145 du *Journal Officiel*, ce qui est croyons-nous, complètement faux.

PRINCIPAUX DÉCRETS DE LA COMMUNE.

N° 95 et n° 99. — Organisation des bataillons de marche et levée en masse de tous les citoyens mariés ou non de 19 à 40 ans.

N° 103. — Démolition de la colonne Vendôme.

N° 107 — Institution de la Cour martiale, Rossel président.

N° 122. — Création du Comité de salut public sur la proposition de Miot.

N° 130. — Décret de démolition de l'hôtel Thiers.

N° 138. — Proposition Urbain sur les otages. — Séance de la Commune du 17 mai.

Nº 139. — Proposition Urbain : « *Tous l s enfant, reconnus
sont legitimes et jouiront de tous les droits des enfants legitimes.*

« *Tous les enfants dits naturels non reconnus, sont reconnus par la Commune.* »

COLLABORATEURS.

Les écrivains qui ont collaboré au *Journal Officiel* en
signant leurs articles sont : MM. A. Edouard Portalis, —
Paul Vapereau, — J.-B. Clément, — G. Courbet, — A.
Regnard, — L. X. de Ricard, — C. S. Sée, — Henri
Bellenger, — Ch. Quentin, — E. Maréchal, — Ch. Li-
mousin et Maxime Vuillaume.

RÉIMPRESSIONS.

La rareté des trois derniers numéros de l'*Officiel* a engagé quelques libraires à en faire la réimpression.

Nº 142. — Lundi 23 mai. — Il n'y a eu qu'une
réimpression faite r. du Croissant.—Elle est très-facile à
reconnaitre à cause de son incorrection typographique.

1º — Dans LIBERTÉ, EGALITE, FRATERNITE, les E portent un accent aigu ; dans les numéros authentiques il
n'y en a pas.

2º — Dans AGENCE SPECIALE DES ANNONCES, à gauche
du titre, les C ont par erreur des cédilles.

3º — Enfin *première page, troisième colonne*, on a
laissé passer cette faute : Mairie du IIIᵉ Arrom lissement.

Nº 143. — Mardi 23 mai. — Deux réimpressions.
La première, r. du Croissant. On la reconnaît aux deux
premières erreurs signalées au nº 142, qui se repro-
duisent ici.

La seconde, faite par Rochette, imprimeur, porte à la
fin du journal la signature de sa maison d'imprimerie,
90, boul. Montparnasse, au-dessous de celle de Wittersheim.

En outre, première page, deuxième colonne (cinquième ligne) on y remarque cette erreur : *marques
d'appobation.*

Les amateurs n'ont besoin du reste pour reconnaître
les éditions sorties des presses de Wittersheim que de
faire attention dans le titre à l'O de : CINQ CENTIMES LE
NUMERO. Dans les numéros authentiques, l'O est ovale
et semble renversé ; dans les autres éditions, il est rond.

No 114, mercredi 24 mai. — Il y a eu quatre réimpressions. La première rue du Croissant. Se reconnaît à deux fautes capitales : 1° La quatrième colonne du tableau des remboursements de la garde nationale ne va pas jusqu'au bas de la page. — 2° Cinquième colonne, il y a au-dessous de PARTIE NON OFFICIELLE : *Bulletin Comnunal* au lieu de *Bulletin Communal.*

La seconde faite par Rochette est plus mauvaise encore. Le tableau des remboursements finit au bas de la quatrième colonne, tandis que dans le numéro authentique, il va jusqu'au tiers de la cinquième colonne.

La troisième provient de l'imprimerie Wittersheim. A la fin du journal, on lit : « *Ce numéro est la reproduction exacte de celui de l'Imprimerie Nationale.* — A. WITTERSHEIM. »

La quatrième a été faite par Beauvais, libraire, quai Voltaire, avec les caractères de l'Imprimerie Nationale et avec autorisation spéciale du Ministère. Cette réimpression était destinée à donner le fac-simile du n° 144 de l'*Officiel* dans l'intéressant ouvrage de M. Ch. Livet : LE JOURNAL OFFICIEL DE PARIS *pendant la Commune.* Elle est parfaitement faite et peut remplacer la première édit'on dans les collections complètes.

Nous croyons cependant utile de dévoiler aux vrais amateurs le moyen de reconnaître le véritable journal authentique.

1°. — Première page, au bas de la 6 colonne, la première édition porte en tête d'un extrait de *Paris-Libre* :

 « *Citoyens,*

 « *Les Versaillais doivent comprendre à l'heure qu'il est que Paris est aussi fort aujourd'hui que hier.* »
Dans la réimpression, ces deux derniers mots sont reproduits par erreur avec élision : « ...... *aujourd'hui qu'hier.* »

2° — Deuxième page, au bas de la 2° colonne, le numéro authentique porte :
RAPPORT MILITAIRE. — *Journée d 22.* — *Six heures soir.*
Dans la réimpression, il y a : *six heures du soir.*

Dans le n° 114 de l'Imprimerie Nationale, il est bon de remarquer que toutes les L sont barrées au milieu par un petit trait presqu'imperceptible. — Cette particularité n'existe qu'à l'Imprimerie Nationale.

LE JOURNAL OFFICIEL

Petite édition du soir.

Direction et Rédaction : quai Voltaire, 31. — Imprimerie Wittersheim et Cie.

Feuille double, petit format. Prix : 5 centimes.

61 numéros, du n° 78 dimanche 19 mars, au n° 138 et dernier, vendredi 19 mai.

Même Rédaction qu'au *Grand Officiel*.

Le *Petit Officiel* paraissait le soir, avec la date du lendemain. — Le 19 mars on ne fit point le journal qui aurait porté la date du 20 ; mais la numérotation ne fût point pour cela interrompue. — C'est ce qui explique pourquoi le *Petit Officiel* est en retard d'un numéro sur le *Grand Officiel*.

Le n° 79 (12 mars) est le premier qui soit fait par l'insurrection.

Le n° 87 porte comme titre : *Journal Officiel de la Commune de Paris.* — C'est le seul.

Le titre fût modifié au n° 135 (15 mai) et changé de nouveau au n° 136 (16 mai). Pour plus de clarté, nous donnons la composition du premier titre et de ses deux modifications :

1er Titre

3e Année — N° 134.   Lundi, 15 mai 1871.

JOURNAL OFFICIEL

de la *République française*

2e Titre

3e ANNÉE — N° 135

25 Floréal, an 79.   Mardi 16 mai 1871.

JOURNAL OFFICIEL

de la *République française*

3ᵉ *Titre*

Nº 136 **Liberté, Egalité, Fraternité** 3ᵉ Année

26 Floréal, an 79   Mercredi, 17 mai 1871

JOURNAL OFFICIEL

de la République française

Le *Petit Officiel* cessa de paraître le 18 mai, avec la date du 19. Cette disparution s'explique par l'abaissement du prix du *Grand Officiel* de quinze à cinq centimes.

Un fait important à noter au point de vue des collectionneurs, c'est que le *Petit Officiel* contient exactement, non-seulement tous les articles du *Grand Officiel*, mais même beaucoup plus de faits divers. — Le Bulletin de la Bourse y est moins développé et les remboursements faits par les bataillons de la garde nationale n'y figurent pas. — Voilà tout. — En ajoutant à la collection du *Petit Officiel*, les six derniers numéros de la grande édition, on a fort économiquement une collection très-complète de l'*Officiel* de la Commune.

LE JOURNAL POPULAIRE

Directeur-Gérant : Ch. Français. — Imprimerie Serrière et Cⁱᵉ, 123, r. Montmartre.

Feuille double, grand format. Prix : 15 centimes.

Remplaça le *National* supprimé par le décret de la Commune du 15 mai.

Sept numéros, du mercredi 17 mai au mercredi 21 mai 1871.

Les quatre derniers numéros eurent deux éditions : l'édition du matin, feuille simple, prix : cinq centimes, datée du lendemain, et l'édition du soir, feuille double, prix : 15 centimes, en date du jour, continuant régulièrement les trois premiers numéros.

Mêmes rédacteurs qu'au *National*.

JOURNAL DU SOIR

Administration et rédaction à l'imprimerie spéciale du *Journal du Soir*, 5, r. du Coq-Héron. — Bureaux de vente : 21, rue du Croissant.

Cette feuille qui se dispensa de tout programme était faite par les rédacteurs de la *Commune*.

Feuille simple, grand format. Prix : 10 centimes.

Trois numéros du vendredi 5 mai au dimanche 7 mai 1871.

LA JUSTICE

Journal politique quotidien.

L hº ४ Administration et rédaction : 3, r. d'Aboukir. — Bouré, imprimeur et gérant de la *Justice*, 3, r. d'Aboukir.

A partir du nº 6, lundi 15 mai, L. Bouré reste gérant, mais c'est Dubuisson, qui imprime le journal. La veille, les bureaux avaient été transférés 8, r. d'Argout.

Rédacteurs : Aristide, A. Bellivier.

Feuille double, grand format. Prix : 10 centimes.

Dix numéros parus, du mercredi 10 mai au vendredi 19 mai 1871.

« *L'opinion publique*, dit la Rédaction dans son premier numéro, *a besoin d'un organe nouveau qui ne cherche ses inspirations dans aucun passé et ne les demande à aucun parti ;.............. ..... qui l'aide à devenir et à rester ce qu'elle doit être désormais, unique et libre souveraine.*

« *C'est cet organe que nous créons.* »

Une polémique assez vive s'engagea entre la *Justice* et le *Réveil du Peuple* au sujet du titre. Delescluze avait, le 14 mars, fait placarder des affiches annonçant l'apparition prochaine de la *Justice*. De là sa colère lorsqu'il vit paraître un nouveau journal, sans nom d'auteurs, portant le même titre que celui qu'il avait annoncé.

La courte existence du nouveau journal empêcha la discussion de se prolonger plus longtemps.

LA LIGUE DU BIEN PUBLIC

Pour la défense, la pratique et la propagation des principes :

LIBERTÉ, EGALITÉ, FRATERNITÉ,

Promoteur. A. de Bosson père.

Les adhésions sont reçues : 26, r. de la Grange-Batelière. — Imprimerie Dubuisson et Cie.

Feuille double, grand format. Prix : 15 centimes.

N'a eu qu'un seul numéro, en date du samedi 15 avril 1871.

———

LE LIVRE ROUGE

Petite brochure in-16, avec couverture en papier rose. Jean La Coste, rédacteur.

Cette brochure n'a eu qu'un seul numéro : n° 1, du 22 avril. — En vente chez Plataut, 15, rue du Croissant. Prix : Dix centimes.

Imprimerie Nouvelle, 14, r. des Jeûneurs.

———

LA MARSEILLAISE

Rédacteur en chef : HENRI ROCHEFORT.

Bureaux : 9, r. d'Aboukir. — Bureau central de vente : 21, r. du Croissant. — Adresser toutes les communications à M. Millière, directeur-gérant. — Secrétaire de la rédaction : Ch. Habeneck. — Imprimerie A. Millière, gérant de la *Marseillaise*, 9, r. d'Aboukir.

Feuille double, grand format. Prix : quinze centimes, sauf le n° 1 de la troisième série qui est à dix centimes.

156 numéros, du n° 1, dimanche 19 décembre 1869, au n° 156, lundi 25 juillet 1870 et un n° 1, *Troisième série*, du vendredi 9 septembre 1870. — En tout 157 numéros.

La police empêcha dès son début la vente de la *Marseillaise* sur la voie publique, ce qui donna à Ch. Habeneck l'occasion d'écrire ces lignes :

« *L'Empire ne perd jamais l'occasion de faire une faute. Nous serons toujours heureux de lui en fournir l'occasion.*

« *Le gouvernement nous traite en ennemis, il a raison.* »

Rochefort, dans sa première chronique, explique le but qu'il se propose en fondant son journal :

« *Puisqu'il est bien constaté que les populations ont des opinions à elles, il est de toute justice qu'elles aient aussi un journal à elles.*

« *C'est dans ce but que nous fondons la* MARSEIL-LAISE. . . . . *Et s'il se trouve parmi nos lecteurs des hommes ou même des femmes qui jusqu'ici se sont effarouchés à l'idée des réformes profondes que réclame la société moderne, nous espérons en faire avant peu de temps des* SOCIALISTES *malgré eux.* »

RÉDACTEURS : Germain Casse, Arthur Arnould, Victor Noir, Ch. Habeneck, Collot, Trinquet, Fr. Enne, Ach. Dubuc, J. Civry, Ed. Bazire, Millière, E. Dereure, G. Puissant, Ernest Lavigne, Gustave Flourens, qui cesse de faire partie du journal après l'enterrement de Victor Noir, le 12 janvier; Paschal Grousset, A. Verdure, Ulric et Arthur de Fonvielle, Henri Verlet, Morot, Al. Bouvier, Raoul Rigault, Jules Vallès, Amouroux, A. Ranc, Alph. Humbert, E. Varlin, Cluseret.

Après l'arrestation de Rochefort, le 9 février, la *Marseillaise* dût cesser de paraître pendant trois jours : ses deux gérants et presque tous ses rédacteurs étaient en prison. Une rédaction nouvelle est aussitôt formée par Barberet, que Rochefort avait nommé gérant du journal. On y remarque :

Antonin Dubost, Em. Clerc, Edouard Siebecker, Jules Claretie, Louis Noir, Ed. Clerc, Lissagaray, J. Labbé, Salvador Daniel, Victor Dictys, J. Maillet, Ant. Arnaud, B. Malon, G. Flourens, Talandier, E. Villeneuve, E. Vermesch, George Sauton, Eug. Mourot, Ulysse Parent, Alfred Naquet, G. Cavalier.

Nous allons sommairement indiquer les erreurs et les modifications du journal :

N° 15, 2 janvier 1870. — C'est Dereure qui signera désormais comme gérant. Imprimerie S. Dereure, 9, r. d'Aboukir.

N° 20, Samedi 8 janvier. — Mauvaise numérotation : c'est le n° 21.

N° 23, 10 janvier. — Par arrêté du 8 janvier, la vente sur la voie publique est accordée à la *Marseillaise*.

N° 25, mercredi 12 janvier. — Assassinat de Victor Noir par Pierre Bonaparte. En tête de ce numéro Rochefort écrit un article qui motivera quelques jours après des poursuites et une condamnation :

« *J'ai eu la faiblesse de croire qu'un Bonaparte pouvait être autre chose qu'un assassin.*

« . . . .

« *Peuple français, est-ce que décidément tu ne trouves pas qu'en voilà assez ?* »

Ce numéro et le numéro suivant qui contenait sur sa première page le portrait de Victor Noir, sont encadrés d'un filet de deuil.

N° 53, mercredi 9 février. — Arrestation de Rochefort et des rédacteurs de la *Marseillaise*.

N° 54, samedi 12 février. — Le journal ne parût pas le 10 et 11, pour donner le temps au nouveau gérant de recons tituer une rédaction.

N° 63, lundi 21 février. — H. Rochefort écrit pour la première fois ses articles sous le pseudonyme de Henri Dangerville.

N° 65, mercredi 23 février. — Première apparition de petites Lanternes, mises en guise de fleurons, dans la chronique de Rochefort.

N° 79, mercredi 9 mars. — Numéro exceptionnel fait dans les prisons d'Europe. Prix : cinquante centimes.

N° 84, lundi 14 mars. — Le n° 85 porte par erreur la même date et la même numérotation, on le reconnait à l'article de Talandier : *la* Marseillaise *et la Presse anglaise,* qui se trouve en tête de la seconde colonne du journal.

N° 94, jeudi 21 mars. — Ce numéro et les trois suivants contiennent des portraits, ou plutôt des charges de Gill, empruntés à l'affaire Pierre Bonaparte, haute cour de Blois.

N° 102, vendredi 1ᵉʳ avril. — Une note de la rédaction nous apprend que c'est le citoyen Arthur Arnould qui est chargé de la direction politique de la *Marseillaise*, en l'absence de Rochefort.

N° *150, mercredi soir 18 mai.* — Numéro exceptionnel. Prix : cinquante centimes ; même date que le
n° 149 qui avait paru le mercredi matin, et le dernier
de la 1re série.

Il contient le jugement de la 6e chambre qui suppri-
mait la *Marseillaise* pour deux mois.

N° *151, mercredi 20 juillet.* — Réapparition. Gérant : Beurdeley. — Imprimerie Beurdeley, 9 r. d'A-
boukir. — Modification des caractères d'impression. —
Le nom de MILLIERE disparaît du titre.

N° *156, lundi 25 juillet.* — C'est le dernier numéro
de la seconde série. Rochefort explique pourquoi le journal cesse de paraître :

« *Etant donné l'état de dictature militaire sous
lequel nous vivons . . . . je crois que la* MAR-
SEILLAISE *ne peut continuer à accepter une lutte ou il
faudrait, pour échapper à une catastrophe judiciaire,
remplacer l'expression de nos convictions par des
récits de bataille qui nous répugnent et des nomen-
clatures de morts et de blessés.*

« *La Marseillaise de Rouget de l'Isle est aujourd'hui
bonapartiste et officielle, nous reparaîtrons quand
elle sera redevenue républicaine et séditieuse.* »

N° *1. Troisième série.* — *9 septembre 1870.* —
Secrétaire de la rédaction ; Eug. Mourot. — Administrateur : Barberet. — Imprimerie de Beurdeley, 9,
r. d'Aboukir.

H. Rochefort avait écrit à Grous et : « *Vous com-
prenez que tant que je ferai partie du Gouvernement
provisoire, je ne pourrai prendre aucune part à la
rédaction de la* MARSEILLAISE. »

Celui-ci, en effet, accentuait énergiquement la couleur
du journal, en tête duquel il avait fait imprimer en
majuscules énormes :

VIVE LA RÉPUBLIQUE DÉMOCRATIQUE ET SOCIALE !

Et Cluseret dans un article violent, écrivait:

« *Gambetta a plus fait pour Guillaume que Stein-
metz. Il a bien mérité de la Prusse ; au peuple de
dire s'il a bien mérité de la patrie.* »

Cet article souleva de violentes colères dans le public
parisien, et le journal fût lacéré et brûlé à l'entrée de la
rue du Croissant.

Le lendemain, Rochefort désavoua hautement Cluseret
et fit cesser la publication de la *Marseillaise*.

Deux numéros sont très-rares dans cette collection, l'une des plus intéressantes de la presse républicaine : les n°s 151 et le n° 1, *troisième série.*

LES MÉMOIRES DU PÈRE DUCHÊNE

Feuille in-8 , qui devait paraître deux fois par semaine chez le bon bougre Roy, 21, r. du Croissant, mais qui n'eût en somme qu'un seul numéro. — Imprimerie du véritable *Père Duchêne*, 16, r. du Croissant. Prix : 2 sous.

Le titre est surmonté d'une vignette représentant le Père Duchêne levant une hache sur un prêtre qui l'implore. Dans un angle du dessin, cette devise : *Memento mori.* — Au-dessous, cette légende :

« *Je suis le v'ritable Père Duchêne, foutre !* »

Le sommaire du premier numéro est piquant :

« *Le petit avertissement du* PÈRE DUCHÊNE, *avec sa grande motion pour qu'on foute au feu, tous les ouvrages prétendus historiques de Thiers,....... ».*

A la fin du journal se trouvent deux croix de Malte, avec un avis où le *Père Duchêne* annonce, pour le dimanche suivant, la réimpression du texte de son journal de 1791. — N'a pas paru.

LA MÈRE DUCHÊNE

Marchande de berlingots.

Cahier in-8 , format du *Père Duchêne.* — Imprimerie Nouvelle (Assoc. ouvr.). Masquin et C°. — Dépôt : 16, rue du Croissant.

3 numéros, du 3 au 5 avril 1871. Prix : 5 centimes.

Le n 1 parut au moment où les troupes de Versailles et de la Commune venaient de se rencontrer pour la première fois. — De là, à la fin du premier numéro, un entrefilet violent, signé : *A. Larue,* et qui se termine ainsi :

« *Nous vous verrons à l'œuvre, mercenaires de la réaction, qui vous faites les défenseurs et les soutiens du crime.*

Ne nous cherchez plus, nous voici ; nous sommes les soldats du droit, de l'honneur, de la patrie, et de la liberté......... »

L'en-tête de la *Mère Duchéne* variait à chaque numéro : voici le premier :

La mère Duchène

COMMENCE A SE FACHER, ELLE DISPUTE SON MARI.

Dans le second, *Elle est triste et sombre.* ELLE NE PLEURE PAS, *elle rage!*

Le troisième contient les avis de la *Mère Duchéne au Roi Guillaume*, à *Louis-Philippe II*, et *à la Commune de Paris.*

———

LA MÈRE DUCHÈNE

Marchande de poissons.

Feuille in-8° , format du *Père Duchéne.*

En tête, une vignette de Rosambeau, et dans l'intérieur du journal, un assez grand nombre de fleurons-charges, du même dessinateur.

Un numéro spécimen et deux numéros, sans date. — Prix : un sou.— Typogr. Rouge frères, 43, r. du Four-Saint-Germain.

Le premier numéro porte : *Spécimen, n*° 1. Il a pour titre :

« *Politique de la femme du* PERE DUCHÈNE »

Le deuxième n° a eu deux tirages : Le premier, qui porte au-dessus du filet du titre : *n*° 1. — *Deuxième tirage.* — *Un sou.* Le second qui porte simplement : *n*° 1. — *Un sou.* — *n*° 1.

Il a pour titre : *Les Lamentations de la Mère Duchéne.*

Le troisième, qui porte le n° 2, a pour titre : LA MÈRE DUCHÈNE.

Le titre et les vingt premières lignes seulement diffèrent dans le numéro spécimen et le n 1. — Le reste est absolument semblable dans les deux numéros.

LE MONITEUR DU PEUPLE

Ancien moniteur de la guerre.

Administration et Rédaction : 16, r. du Croissant. — Vallée, imprimeur.

Même prix, même format et même devise que l'*Avant-Garde* dont il était l'édition du matin.

Il cessa de paraître sous la Commune le 18 avril, au n° 447.

———

LE MONT-AVENTIN

Echo des Buttes-Montmartre.

Rédaction et administration : 6, r. du Croissant. — Imprimerie Dubuisson.

Feuille simple, moyen format. Prix : 10 centimes.

Le premier numéro est du dimanche 26 mars 1871 (6 germinal an 79).

Le deuxième et dernier parut le jeudi 30 mars (9 germinal), mais avec les modifications suivantes :

Le Mont-Aventin

Organe quotidien de la Fédération républicaine.

Rédacteur en chef : A. SECONDIGNE.

Secrétaire de la rédaction : LEFÈVRE.—Rédaction : 19, faubourg Saint-Denis. — Administration : 6, rue du Croissant. — Imprimerie de l'Association typographique, faubourg Saint-Denis, 19.

Feuille simple, grand format. Prix : 2 sous.

Fut remplacé par le *Bonnet Rouge.*

———

LA MONTAGNE

Journal de la Révolution sociale.

Rédacteur en chef : GUSTAVE MAROTEAU.

Rédaction : 19, faub. Saint-Denis. — Administration : 13, r. du Croissant.—Gérant : Jules Gouffé.—Secrétaire de la Rédaction : Léon Picard. — Imprimerie de l'Association générale typogr. faub. Saint-Denis, 19. Berthélemy et Cⁱᵉ.

Feuille simple, grand format. Prix : 5 centimes.

RÉDACTEURS : Francis Enne, Léon Picard, Oldrini, G. Sauger, G. Tridon, Passedouet.

22 n⁰ˢ et un numéro 1 bis, du dimanche 2 avril 1871 (12 germinal an 79), au mardi 25 avril (5 floréal).

Le n° 1 s'étant mal vendu, on le fit reparaître le lendemain sous le n° 1 bis, sans aucune modification.

Le n° 3 a eu trois éditions différentes. La seconde, qui est la plus rare, porte en dessous du titre, trois fleurons représentant la tête de la République coiffée d'un bonnet phrygien. La troisième contient en grosses capitales, la nouvelle suivante :

VICTOIRE !

LE MONT VALÉRIEN EST A NOUS.

. . . .

Flourens marche sur Versailles.

Quelques exemplaires de la première édition ont été tirés par erreur avec l'indication suivante :

N° 3, mercredi 5 avril, au lieu de : *N° 3, mardi 4 avril.*

Les n⁰ˢ 11 et 19 ont eu une deuxième édition. C'est dans ce dernier numéro que se trouve le trop fameux article de Maroteau sur l'archevêque de Paris, dans lequel il écrit :

« *Et ne parlez pas de Dieu. Ce croquemitaine ne nous effraye plus. Il y a trop longtemps qu'il n'est qu'un prétexte à pillage et à assassinat !*

» . . . .

» *Nous biffons Dieu !*

» . . . . . *Nos balles ne s'aplatiront pas sur les scapulaires ; pas une voix ne s'élèvera pour nous maudire le jour où l'on fusillera l'archevêque Darboy.* »

La *Montagne* ne parut pas le samedi 8 avril. « *Non pas*, dit le journal du 9, *à cause du Vendredi Saint, mais à cause du changement de l'administration.* »

Ce jour-là, en effet, ses bureaux furent transférés 19, faub. Saint-Denis.

Le 20 avril, nouveau déménagement de l'administration qui s'installa 20, r. du Croissant, jusqu'à la fin du journal.

La *Montagne* est à coup sûr une des productions les plus curieuses de la presse pendant la Commune.

LE MOT D'ORDRE

Rédacteur en chef : HENRI ROCHEFORT.

Rédaction : 10, faub. Montmartre. — Administration : 8, r. du Croissant. — Imprimerie Schiller, 10, faub. Montmartre.

REDACTEURS *principaux* : E. Mourot, Henri Maret, Barberet, G. Richard, Robert Halt, Martin Bernard.

Feuille simple, grand format, tirée parfois sur papier de couleur. — Prix : 10 centimes.

86 numéros, du vendredi 1ᵉʳ février 1871 (15 pluviôse an 79), au samedi 20 mai (1ᵉʳ prairial).

Le nº 27 eut une seconde édition, à cause du Courrier de Bordeaux qui apportait dans la journée d'importantes nouvelles.

L'entrée des Prussiens dans Paris fit suspendre la publication du *Mot d'Ordre* les jeudi et vendredi 2 et 3 mars.

Le nº 34 est par erreur daté du 9 mars au lieu du 10.

Le *Mot d'Ordre* supprimé par le général Vinoy, cessa de paraître au nº 36, le dimanche 12 mars. Il reparut le 1ᵉʳ avril et ses bureaux de rédaction furent transférés r. Montmartre, 148. C'est Vallée, 16, r. du Croissant qui devint l'imprimeur.

Henri Rochefort qui, le 14 février, avait laissé à Henri Maret la direction du journal pour a ler à Bordeaux siéger à la Chambre, reparait pendant la Commune à la tête de la Rédaction. — Il cessé volontairement sa publication le 20 mai.

LA NATION SOUVERAINE

Rédacteur en chef : ALEXANDRE REY.

Au-dessous du titre, quatre épigraphes tirées des *Constitutions* de 1791, 1794, l'an III et 1848, pouvant se résumer ainsi :

« *La Souveraineté réside dans le peuple, elle est une et indivisible, imprescriptible et inaliénable.* »

Bureaux : r. du Coq-Héron, 5. — Gérant responsable : Emile Charpentier. — Imprimerie Dubuisson et Cⁱᵉ.

Feuille double, grand format. Prix : dix centimes.

Dix-neuf numéros, du samedi 15 avril 1871 au mercredi 3 mai.

RÉDACTEURS : A. Genevay, Paul Lefort, Magog, Eugène Despois, Achille Mercier, Severus, Is. Levaillant, Victor Considérant, Charles Pellerin, E. d'Alton-Shée, G. Hubbard, Rambler.

En tête du premier numéro se trouve une « DECLARATION DE PRINCIPES » du Rédacteur en chef qui débute ainsi :

« *Au moment où la République semble menacée de périr par le plus incompréhensible et le plus criminel des suicides, nous nous levons pour la défendre.*

» *Nous défendons aujourd'hui les principes de la République contre la dictature qui les viole.* »

Ce journal fut supprimé le 3 mai, par arrêté du Comité de salut public.

LA NÉMÉSIS GALANTE
Gazette politico-satirique.
Rédacteur en chef : JULES CHOUX.

Feuille double, petit format, paraissant tous les samedis. Prix : 10 centimes. Un seul numéro paru, 29 avril 1871. — Rédaction, 21, r. Gozlin.— Imprimerie E. Blot, 7, r. Bleue.

Le titre est surmonté d'une vignette représentant la Vérité, debout près d'un puits. D'une main elle élève un masque et de l'autre brandit un fouet. A ses pieds un tambour de basque et un miroir dans lequel se regarde un âne.

De chaque côté de la vignette, une devise. A gauche : *Liberté, Vérité, Solidarité.* A droite : *Je ne mords pas, j'égratigne.*

LA NOUVELLE RÉPUBLIQUE
Journal politique quotidien.
Rédacteur en chef : PASCHAL GROUSSET.

Rédaction: 14, r. des Jeûneurs. — Administration: 13, r. du Croissant. — Gérant: Léon Picard. — Imprimerie de l'Association ouvrière, 14, r. des Jeûneurs. Masquin et Cⁱᵉ.

Feuille simple, grand format. Prix : 10 centimes.

Prend au nᵒ 10 le sous-titre de : JOURNAL DE LA RÉVOLUTION DE PARIS.

Cette publication, fondée avec le concours de plusieurs rédacteurs de la *Marseillaise*, eut, sous la Commune, 13 numéros (nᵒ 8 au nᵒ 20), du dimanche 19 mars 1871 (28 pluviôse an 79), au samedi 1ᵉʳ avril (12 germinal).

RÉDACTEURS. — Arthur Arnould, Raoul Rigault, E. Morot, Edm. Bazire, L. Ronsin, Ch. Dacosta, Gaston Gaulet, Dereure, Olivier Pain, A. Grandier, A. Breuillé, A. Regnard, G. Dacosta.

Disons pour mémoire que les numéros 1 à 7 avaient paru sous le premier siége, du 26 octobre au 1ᵉʳ novembre 1870. *James* FAZY était directeur politique et AL. LAYA rédacteur en chef. — Bureaux : 50, boul. Haussmann. — Imprimerie Alcan-Lévy, 61, r. Lafayette.

Après la suppression de la BOUCHE DE FER par le général Vinoy, P. Grousset voulant avoir un organe à lui, avait cru, d'un commun accord avec Balsenq, gérant de la *Patrie en danger*, pouvoir continuer le journal de Blanqui. Ils avaient même composé le nᵒ 90 de cette feuille (*voir* : PATRIE EN DANGER). H. Verlet, ancien secrétaire de ce journal, se fâcha et refusa net. Grousset, pris à l'improviste, dût prendre le premier titre qui s'offrit à lui. Chatelain avait précisément en main le titre de *La Nouvelle République*. On lança la nouvelle feuille avec ce titre, tout à fait de circonstance, mais en commençant par le nᵒ 8, les 7 premiers numéros ayant paru en 1870.

Dans la soirée du 18 mars, le gouvernement du 4 septembre avait mis les scellés sur *La Nouvelle République* ; mais après la victoire de l'insurrection, P. Grousset fit briser les scellés, et à la tête d'une compagnie de gardes nationaux dévoués, réquisitionna les presses de l'imprimeur, qui dût céder à la force.

La mise en vente tardive du journal le 19, et quelques détails de fabrication firent supprimer le numéro du lundi. On vendit tout simplement ce jour-là le numéro de la veille. .

Le mardi 22 mars, *La Nouvelle République* adopta comme fleuron un bonnet phrygien qui figura depuis lors en tête du premier article du journal. C'était ce fleuron qui jadis ornait la *Bouche de fer*.

Le 2 avril *La Nouvelle République* cessa de paraître et fût remplacée par l'*Affranchi*.

L'ORDRE

Journal politique quotidien.

Rédacteur en chef : A. VERMOREL.

Administration et rédaction : 16, r. du Croissant. — Imprimerie Vallée.

RÉDACTEURS : Vermorel, H. Roullier, Saillard.

4 numéros, du 20 au 23 mars 1871. Prix : 10 centimes.

Ce journal protesta avec courage contre la suppression des journaux par le Comité central :

« *Il ne faut pas*, dit-il, *avoir deux poids et deux mesures, surtout en temps de révolution ; si l'on veut pouvoir protester contre l'arbitraire et l'injustice, il ne faut jamais s'exposer à paraître soi-même coupable d'arbitraire ou d'injustice.* »

———

L'OUVRIER DE L'AVENIR

Journal politique et social.

Organe des chambres syndicales et des associations ouvrières, paraissant deux fois par semaine, le dimanche et le jeudi. — Directeur : Evette. — Gérant : Vaillant. — Imprimerie de l'Assoc, typogr., faub. Saint Denis. Berthélemy et Cie.

Communications et abonnements : Chambre syndicale des ouvriers tailleurs de Paris, tous les soirs, de 8 à 10 heures. — Rédaction et administration, 39, r. Saint Sauveur. — Bur. de vente : 6, r. du Croissant.

RÉDACTEURS : Evette, Julien Depre, Zacharie Peters, Deparis, ouvrier horloger, Brudon, Fr. Loupot

Feuille double, moyen format. Prix : 10 centimes, — Trois numéros, du dimanche 12, au dimanche 19 mars.

Le titre porte les épigraphes suivantes : « *Qu'est-ce que le travail ? Rien. — Que doit-il être ? Tout.* » — « *Le socialisme est la religion de l'avenir.* » — Autour du titre, en petites capitales, les inscriptions suivantes : *Egalité, Liberté-travail, Fraternité, Association, Fédération.*

LA PAIX

Journal politique quotidien.

Rédaction et administration : 5, rue du Coq-Héron. —
Gérant ↣Félix Ledreux. —Imprimerie Dubuisson et Cᵉ.
Feuille double, grand format. Prix : 10 centimes.
Quatre numéros seulement, du vendredi 28 avril au
lundi 1ᵉʳ mai 1871.

Lorsque le *Bien public* fut supprimé par la Commune,
Vrignault continua son journal sous le titre de la *Paix*.
Celui-ci, supprimé à son tour à son quatrième numéro,
fut presque aussitôt remplacé pas l'*Anonyme*.

PARIS LIBRE

Journal du soir.

Rédaction et administration : 14, r. des Jeûneurs. —
Gérant : Minetti, qui a signé à partir du n° 20. — Bureau de vente : 12, r. du Croissant, jusqu'au n 25, et 21
même rue, du n° 26 à la fin. — Imprimerie nouvelle (Assoc. ouvrière), 14, r. des Jeûneurs.
Feuille simple, grand format. Prix : cinq centimes.
43 numéros, du mercredi 12 avril 1871 (23 germinal
an 79), au mercredi 24 mai (5 prairial).

P. Vésinier, membre de la Commune, était le rédacteur en chef de ce journal :

« *La Commune*, dit-il dans son premier numéro, *doit
ren placer le vieux monde et devenir l'assise du monde
nouveau.*

« *Voilà le grand rôle que la Commune doit jouer au
dix-neuvième s'ècle.*

« *Rôle qui ne doit pas être amoindri, abaissé à celui
d'une municipalité.*

« *La Commune et la municipalité sont deux insti-
tutions parfaitement distinctes et qui ne doivent pas
être confondues.* »

RÉDACTEURS : Junius, Hasavérus, E. Morot, E. Ver-
pault, Harmodius, Marius, F. Devaux.

Paris Libre a publié simultanément comme feuilleton :
Les Proscrits du XIXᵉ siécle, par VÉSINIER, ex-secré-

taire d'Eug. Sue, et *le Mariage d'une Espagnole*, du même auteur. Une note mise dans le journal du 26 avril (nº 15) indique que le commencement de ce dernier feuilleton a paru dans les nᵒˢ 20 à 24 de l'*Affranchi*.

C'est *Paris Libre* qui publia ce fameux PILORI DES MOUCHARDS, listes, par ordre alphabétique des individus qui ont demandé des emplois de mouchards sous l'Empire, depuis le 4 septembre 1870, jusqu'au 18 mars 1871.

Le nº 43, du mercredi 24 mai, contient un appel aux armes qui se termine par ces mots :

« AUX ARMES !

« *Du courage, citoyens, un suprême effort, et la victoire est à nous !*

« TOUT POUR LA RÉPUBLIQUE !

« TOUT POUR LA COMMUNE ! »

———

LA PATRIE EN DANGER

Journal quotidien.

Rédacteur en chef : A. BLANQUI.

Bureaux provisoires: 34, r. des Ecoles — Gérant : Balsenq. — Imprimerie Aug. Vallée, r. du Croissant, 16.

Feuille double, petit format, du nº 1 au nº 21. Prix : cinq centimes. — Feuille simple, grand format, du nº 22 à la fin. Prix : dix centimes.

89 numéros, du nº 1, première année, 20 fructidor an 78 (7 septembre 1870), au nº 89, 18 frimaire (jeudi 8 décembre).

RÉDACTEURS PRINCIPAUX : Balsenq, H. Bauer, Blanqui, Casimir Bouis, Breuillé, Gabr. Brideau, Dillon-Kavanagh, Adèle Esquiros, Eudes, Th. Ferré, Flotte, Flourens, A. Goullé, Ach. Humbert, Jacqueline, Lacambre, Levraud, Pierre Lachambeaudie, E. Maréchal, Pilhes, de Ponnat, A. Regnard, Raoul Rigault, Th. Sapia, Tridon, H. Verlet, Em. Villeneuve, Max. Vuillaume.

Voici quelques lignes du PROGRAMME de la Rédaction.

« *En présence de l'Ennemi, plus de partis ni de nuances.*

« *Avec un pouvoir qui trahissait la Nation, le concours était impossible.*

« *Le Gouvernement sorti du grand mouvement du 4 septembre, représente la pensée républicaine et la défense nationale.*

« *Cela suffit.*

« *Toute opposition, toute contradiction doit disparaître devant le salut commun.* »

La *Patrie en danger* eut à lutter constamment contre une grande gêne financière. C'est ce qui explique les nombreux changements de ses bureaux de vente. — Voici, du reste, jour par jour, ses différentes modifications :

N° 5, 12 septembre. — L'administration et la rédaction sont installées, 78, r. d'Aboukir. — Vente en gros chez Chatelain, 13, r. du Croissant.

La veille, par suite de ce déménagement, le journal n'avait point paru à la date du dimanche, 11 septembre.

N° 17, 21 septembre. — A dater de ce jour le nom de VALLÉE, imprimeur, disparaît du journal. Il est remplacé par celui de BALSENQ, imprimeur, 16, r. du Croissant.

N° 22, 2 octobre. — Le journal avait cessé de paraître depuis le 28 septembre. Nous trouvons en tête du n° 22, les motifs de cette interruption :

« *La* PATRIE EN DANGER *a été suspendue pendant trois jours..................*

« *Pourquoi cette éclipse soudaine? Est-ce désertion, violence ou détresse? Non. C'est abandon instantané par le gérant matériel.*

« *Ce qui nous est démontré, c'est notre insuffisance commerciale. Grave défaut. Celui qui ne sait pas un peu intriguer ou tripoter par les temps qui courent, est un assez pauvre homme.* »

C'est à dater de ce jour que cette publication paraît en grand format, feuille simple. Prix: dix centimes. — Imprimerie de l'Assoc. gén. Berthélémy et Cie. — Vente en gros chez Bouillard, 19, r. du faub. St. Denis.

N° 24. 4 octobre. — A paru encadré d'un filet de deuil. C'est le seul de la collection. Il annonçait que Toul et Strasbourg venaient de succomber.

N° 26, 6 octobre. — Vente chez Saillant, 5 et 10, r. du Croissant.

N° 31, 11 octobre. — Vente chez Pitois, r. du Croissant.

N° 10, 20 octobre. — Vente chez Nathan Lévy, 21, r. du Croissant et 144, r. Montmartre.

N° 44, 24 octobre. — Vente chez Pitois, 21, r. du Croissant.

N° 72, 21 novembre. — Bureau de vente, 78 r. d'Aboukir.

N° 75, jeudi 25 novembre. — C'est une erreur de date. Il devrait porter : *jeudi 24 novembre.*

La *Patrie en danger* avait paru sur papier bulle jusqu'au n 20, et sur papier blanc du n° 21 au n° 43. — En tête de ce dernier numéro, la Rédaction inséra l'avis suivant :

« *Malgré tous nos efforts et nos sacrifices pour imprimer notre journal sur papier blanc, il nous est désormais impossible de nous en procurer.*

« *A partir de demain, nous emploierons du papier bulle.* »

Le journal parut en effet sur ce papier jusqu'à son n° 89 et dernier (8 décembre). Il dut interrompre sa publication, faute de ressources, Blanqui l'avoue sans détour :

« *La* PATRIE EN DANGER *cesse de paraître. Nous dirons franchement pourquoi : les ressources nous manquent. Malgré la plus stricte économie, malgré la gratuité absolue de la Rédaction, le journal n'arrive pas à faire ses frais. Le déficit est peu de chose, mais il suffit quand on est pauvre.*

« *Nous regrettons amèrement que cette nécessité survienne au moment où chacun doit lutter de ses derniers efforts.* »

LA RÉDACTION.

Il existe un n° 90 de la *Patrie en danger*, épreuve unique corrigée par Paschal Grousset et dont l'heureux possesseur est M. Callery.

Nous avons expliqué à l'article NOUVELLE RÉPUBLIQUE, comment Paschal Grousset s'était entendu avec Balsenq, gérant de l'ancien journal de Blanqui, pour continuer cette publication.

Voici la bibliographie de ce numéro précieux :

LA PATRIE EN DANGER
Journal politique quotidien

Avec le Concours des anciens rédacteurs de la *Marseillaise*.

Bureaux de vente : 13, r. du Croissant. — Rédaction, 19, r. du faub. St.-Denis. — Adresser les communications au citoyen Breuillé, Secrétaire de la Rédaction. — Gérant : Balsenq. — Imprimerie de la *Patrie en d nger*, Balsenq.

Feuille simple, grand format. Prix : dix centimes.

N 90. — Mardi 14 mars 1871.

RÉDACTEURS : Paschal Grousset, Arthur Arnould, Bazire, Raoul Rigault.

Nous ne pouvons résister au désir de donner aux amateurs quelques lignes du deuxième article de l roul Rigault. Grousset lui-même avait cru prudent de pprimer ce passage et l'a biffé sur l'épreuve :

« *Si jamais collection ignoble a été formée par Bonaparte et ce qui lui servait de ministres, c'est bien la bande qui, suivant les circonstances, s'appelait police d'abord et magistrature ensuite.*

« . . . . *Peut-'tre X . . . . . . veut-il, à son tour, se faire présenter à la Bellanger, et a-t-il pour cela besoin de se ménager son introducteur. Pas n'est besoin de se donner ta t de m al, les procureurs ne manquent pas dans la magistrature et D . . . . . . eût facilement trouvé un success ur.* »

Notons encore que dans les noms de rues ou de monuments comme *Saint-Denis, Saint-Laurent*, etc., le mot *Saint* a été noté pour être supprimé.

Quelques articles de ce n 90 de la *Patrie en danger* sont reproduits intégralement dans le n° 8 de la *Nouvelle République*.

———

LE PATRIOTE
Organe de la République française et universelle.

Journal politique quotidien, fondé le 4 septembre 1870.
RÉDACTEUR EN CHEF : Armand Lévy. Rédaction : — 16, rue de Tournon. — Vente chez Chatelain, 13, rue du Croissant. — Gérant : Arm. Lévy. — Imprimerie de l'Assoc. gén. typogr. 19, faub. Saint-Denis.

RÉDACTEURS : Arm. Lévy, Ladislas Mickiesvicz, L. Rymwid.

Feuille simple, grand format. Prix : 5 centimes.

Ce journal s'était arrêté, pendant le siége, au n° 24. Il reprit sa publication le 18 mars, le matin même de l'insurrection. Le premier numéro parût encadré d'un filet de deuil : n° 24, 2ᵐᵉ année, dimanche 19 mars 1871.

Il eût six numéros (n°ˢ 24 à 29), du 19 au 24 mars 1871.

Au-dessus du titre, se trouve la devise républicaine : *Liberté, Egalité, Fraternité.*

A partir du numéro 27, le journal porte les épigraphes suivantes :

« *Les peuples doivent pratiquer entre eux les mêmes devoirs que les individus.* »

« *La chûte du cléricalisme est le commencement de la liberté.* »

« *La République est au-dessus du droit des majorités.* »

« *La volonté générale doit faire loi dans la corporation comme dans l'Etat.* »

LE PÈRE DUCHÊNE

Feuille in-8°, ornée en tête d'une vignette et signée : LE PERE DUCHÊNE, *marchand de fourneaux.* — Imprimerie Sornet, 16, r. du Croissant.

68 numéros, du 16 ventôse an 79, au 3 prairial. — Prix : un sou.

Le premier jour, le *Père Duchêne* parût sans numéro d'ordre. Le second tirage qui fût fait quelques jours après, porte en tête : n° 1.

Les n°ˢ 66 à 68 seuls portent la signature des auteurs : E. Vermesch, A. Humbert et Maxime Vuillaume.

C'est Vermesch qui a rédigé presqu'en entier le *Père Duchêne*, du moins les premiers articles. Deux ou trois numéros seulement furent faits par Vuillaume qui s'occupait plus spécialement de la rédaction de la *Sociale*.

Le 20 ventôse, le *Père Duchêne* fût supprimé par arrêté du général Vinoy. Il ne reparût que le 30 ventôse après l'insurrection et ne tarda pas à devenir le journal le plus violent de la Commune. Toutes les mesures les plus odieuses que décrétait le Comité de Salut public étaient proposées la veille par Vermesch dans son journal, et c'était dans les agapes fraternelles de l'Hôtel-de-

Ville, dont il était l'hôte assidu, qu'il puisait chaque soir ses inspirations.

Voici deux spécimens des propositions du *Père Duchêne*, nᵒˢ 20 et 53 :

EN AVANT ! FOUTRE !
ou la grande joie du Père Duchêne.

De voir que les jean-foutres de traîtres ont reçu une pile, et que les patriotes s'en vont à Versailles pour foutre une fessée aux gredins de la ci-devant Assemblée Nationale.

« *Sa grande motion pour qu'on ne fasse pas de quartiers à ces caffards.* »

LA GRANDE COLÈRE DU PÈRE DUCHÈNE.

« *Contre les jean-foutres de calotins et les vieilles bougresses de cagottes qui foutent la discorde dans la cité en mentant comme des arracheurs de dents.* »

Il disait du reste leur fait aux membres de la Commune avec la même aménité qu'aux Versaillais et plus d'une fois prenant à partie les membres des divers Comités, il les traita de : *Tas d'imbéciles ! Tas de jean-foutres !*

Pour être juste cependant, disons que l'idée première de ce journal fût une idée de spéculation et que Vermesch n'avait point le tempérament du *Père Duchêne*. Tous ceux qui l'ont connu au quartier latin reconnaîtront difficilement dans ce rôle lugubre et grossier, celui qui écrivait dans les LETTRES A MIMI :

« *Pour tous les jours de bonheur*
» *Que j'ai passés sur ton cœur,*
　　» *Coquette,*
» *Je veux, naïf amoureux,*
» *Payer d'un couplet ou deux*
　　» *Ma dette.* »

Beaucoup de numéros du *Père Duchêne* ont été réimprimés, et depuis lors cette collection est devenue très-commune.

LE PÈRE DUCHÈNE

enfin expliqué par le Père Dubois

OU LE DUCHÈNE RÉACTIONNAIRE.

Feuille in-4° — N° 1, avril 1871. — Prix: cinq centimes. — Dépôt: chez Heyman, 6, r. du Croissant. — Imprimerie Dubuisson, 5, r. du Coq-Héron.

Cette publication signée: Le PÈRE DUBOIS, *employé*, devait être continuée. Elle n'a eu qu'un seul numéro.

LE PÈRE FOUETTARD

Feuille in-8°, format du PÈRE DUCHÈNE.

Neuf numéros, sans date, signés: LE PÈRE FOUETTARD, *orateur, écrivain, poète et fesseur.* Prix du n : un sou. — Bureau de vente et imprimerie: Armand-Léon, r. du Croissant, 21.

Cette petite feuille paraissait d'abord tous les deux jours; à partir du n 6 elle ne parût plus que deux fois par semaine.

Le titre est surmonté d'une vignette représentant le père Fouettard poursuivant à coups de martinet Napoléon III, J. Favre et autres. Au-dessous, cette légende: *La République ou la trique.* Seul, le dessin du n 9 est colorié.

. LE PIRATE

Journal quotidien.

Bureaux: 21, r. du Croissant. — Gérant responsable: Aché (Il ne signe qu'au n° 4). — Typographie Serrière et Cᶦᵉ, 123, r. Montmartre.

Feuille double, petit format. Prix: cinq centimes.

Quatre numéros, du mercredi 17 mai 1871, au samedi 20 mai.

RÉDACTEURS: Charles Bornet, E. Gigault.

Le *Pirate* succéda au *Corsaire* que la Commune avait supprimé. La Rédaction ne se dissimule point le danger

de paraître à une pareille époque, et elle écri dans se
premier numéro :

« *En ce temps d'orages et de suppres ions, il est*
dangereux de lancer sur cette mer, hérissée d'écueils.
un nouveau navire.

« *Mais les hardis marins n'ont jamais pe ur. . . . ,*
Le PIRATE *se hasarde à mettre à la voile.*

« *Il évitera, autant que faire se peut, les mauvai*
vents qui soufflent du côté de l'ex-préfecture de police ;
mais cela ne l'empêchera pas de lâcher ses bordées de
babord et de tribord, et de faire feu de toutes ses pièces,
chaque fois qu'il le jugera utile et convenable. »

LA POLITIQUE

Rédacteur en chef : A. GAULIER.

Bureaux et Rédaction : 10, faub. Montmartre. —
Administrateur : A. Lacaze (du n° 3 à la fin). — Gé-
rant : Leroy (il ne signe qu'au n° 2). — Imprimerie
Schiller, 10, faub. Montmartre.

Au-dessous du titre, l'épigraphe suivante : « *La* POI I-
TIQUE *est l'honneur de la France* (M. DE REMUSAT). »

Feuille double, grand format. Prix : quinze centimes.

Sept numéros parus pendant la Commune, du mercredi 17 mai 1871 au mardi 23 mai. — Il reparut sous
le n° 8, six jours après, le lundi 29 mai, et dut cesser de
paraître au n° 11, jeudi 1er juin, par défaut d'autorisation de l'autorité militaire.

Il succéda à la *Discussion*, ainsi que l'annonce une
note mise en tête du premier numéro du journal :

« *La* DISCUSSION *a publié hier son dernier numéro.*

« *Le premier numéro de la* POLITIQUE *paraît au-*
jourd'hui. »

Le n° 8 parut sur feuille simple, en annonçant que
désormais la *Politique* serait un journal du *matin* au
lieu d'être un journal du *soir*. — Le lendemain (n° 9) il
reprit son double format, qu'il garda jusqu'à la fin.

M. Gaulier avait suivi dans son journal une ligne de
modération et de conciliation. Il n'en fut guère récom-
pensé : le Comité du salut public supprima La *Discus-*
sion et le gouvernement de Versailles supprima La
Politique.

LE PROLÉTAIRE

Organe des revendications sociales.

(11ᵉ arrondissement.)

Ju L.Nº 1. Bureaux de rédaction : pl. Voltaire, 9. — Bureaux de vente : pl. Voltaire, 9; r. du Croissant et faub. Saint-Denis, 19. — Gérant : Paul Durand. — Imprimerie de L'Association gén. typogr., faub. Saint-Denis, 19.

REDACTEURS : E.-G. Jacqueline, Félix Dubourg, G. Barthélemy, E. Parthenay, David, J. M. Roche, E. Picard, Lesueur, Genton, C. Favre, Périer.

4 numéros, du mercredi 10 mai au mercredi 24 mai 1871. Prix : 5 centimes.

Dans son programme, Le *Prolétaire* affirme ainsi ses principes :

« *La République, elle — c'est son droit et elle ne déguise pas sa pensée — ne veut ni roi, ni pape, ni dictateur, ni sauveur, ni idoles, ni prophètes : elle veut se gouverner par elle-même.........* »

C'était l'organe du club Ambroise, établi dans l'église de ce nom, et où on le distribuait aux habitués.

LE RAPPEL

Journal politique quotidien.

Rédaction : 18, r. de Valois. — Administration : 15, boulev. Montmartre. — Gérant : Albert Barbieux. — Imprimerie du *Rappel*, 18, r. de Valois.

Feuille simple, grand format. Prix : dix centimes.

67 numéros parus pendant la Commune, du nº 643, samedi 18 mars 1871 (27 ventôse an 79), au nº 709, mardi 23 mai (4 prairial).

REDACTEURS : Victor Hugo, Auguste Vacquerie, Ernest Blum, Paul Meurice, François-Victor Hugo, Yves Guyot, L. Bailly, Ernest Lefèvre, Edouard Lockroy, Frédéric Morin, Robert Halt, Ph. Burty, André Léo, Nadaud, Jean Prouvaire.

Le nº 709 n'est imprimé que d'un côté. Paul Meurice y fait cette déclaration.

· « *Nous l'avons toujours dit, et nous le répétons,*

nous sommes contre l'Assemblée, mais nous ne somme *pas pour la Commune. Ce que nous défendons, ce que nous aimons, ce que nous admirons, c'est Paris.* »

La collection complète du Rappel comprend 709 numéros et un numéro anti-plébiscitaire, sans date et sans numéro, (*doit se classer avec le n° du 8 mai 1870*).

Le n° 1 est du 4 mai 1869. Beaucoup de numéros ont eu deux et même trois éditions. — Le *Rappel* fut souvent saisi par la police de l'Empire, surtout dans les premiers temps de son apparition, et la collection complète est rare et difficile à réunir.

A fait sa réapparition le premier novembre (10) brumaire an 79), numéro 710.

LA RÉGÉNÉRATION SOCIALE

par la prophylactique.

Œuvre nationale et patriotique pouvant commencer dans quatre ou six ans par l'abolition des douanes et des octrois de la ville de Paris et le dégrèvement de l'impôt territorial pour les cultivateurs qui donneront leur concours à l'œuvre en adoptant pour fumure *l'Engrais-français.*

Signé : Rudolph Turecki, chimiste. — Secrétaire : Chevaldin. — Gérants : Lesage et Roger. — Bureau de vente chez Chatelain, 13, rue du Croissant. — Imprimerie Victor Goupy, rue Garancière, 5.

Feuille double, grand format. Prix : 15 centimes.

N'a eu qu'un seul numéro (Avril 1871).

Très-rare.

LE RÉGIME CONSTITUTIONNEL

Politique et Social.

Rédacteur en chef : ALPH. BEAU DE ROCHAS.

Administration, Rédaction et annonces : 11, faub. Montmartre. — Directeur-gérant : Beau de Rochas. — Imprimerie Ch. Schiller, 10, faub. Montmartre.

Feuille double, grand format. Prix : quinze centimes.

Quatre numéros, du dimanche 14 mai 1871 au mercredi 17 mai, avec cette devise au-dessus du titre : *Laboremus* !

RÉDACTEURS : C. Morel, Julius, Ferdinand Dubreuil, Jules de Gastyne, Flavio, Jules Robert.

Dans le nº 3, une note de la rédaction annonce le dénoûment de la guerre civile comme prochain, et elle ajoute :

« *Est-ce à dire que nous désirions le triomphe des Versaillais sur les hommes de la Commune ? Loin de nous une semblable pensée ; depuis longtemps nous avons fait nos réserves contre les auteurs de la guerre civile et ceux qui ont osé en accepter la déplorable responsabilité.* »

Supprimé par la Commune, ce journal fût aussitôt remplacé par la *Constitution politique et sociale*.

LE RÉPARATEUR

Propriétaire-Rédacteur : BOULLAY.

Dépôt : 41, r. Coquillière. — Imprimerie Dubuisson, r. du Coq-Héron, 5.

Feuille simple, petit format. Prix : 10 centimes, sauf les numéros, 5, 9 et 11 qui sont à 5 centimes, sans doute parce qu'ils ne sont imprimés que d'un côté.

Onze numéros. Numéro 1, 6 février 1871. — Les nº 2 à 5, février 1871. — Les nºs 6 à 8, mars 1871. — Le nº 9, sans date. — Le nº 10, mars 1871, — et le nº 11, avril 1871.

Le nº 9 porte le sous-titre de : *Numéro exceptionnel* et le nº 11 celui de : *Numéro spécial*.

Du nº 5 au nº 9, le dépôt de vente est : 16, r. du Croissant. — Les deux derniers furent vendus, même rue, nº 6, chez Heyman.

En tête de chaque numéro se trouvait l'avis suivant :

« *Le* RÉPARATEUR *est loin d'être un journal complet, mais il le deviendra. Il ne paraît pas quotidiennement....... Notre prix, relativement élevé, s'explique par la spécialité de quelques-uns de nos articles. Ensuite, nous prétendons que nous valons cela ; c'est notre droit.* »

C'est aussi notre droit de ne point partager l'avis
de l'auteur, et de trouver son programme à la hauteur
de son journal :

« *Le* REPARATEUR ! *Un titre pareil nous dispense
de programme. Notre programme, c'est notre journal.
Nos moyens de réparation et notre profession de foi
s'y trouvent consignés à chaque mot.* »

LE RÉPUBLICAIN

Journal politique quotidien.

Gérant : Tautin. — Administration : 8, r. d'Argout.
— Imprimerie Dubuisson.

Feuille simple, grand format. Prix : 10 centimes.

5 numéros, du dimanche 14 mai au vendredi 19 mai
1871.

Suite de l'*Anonyme* et le dernier journal de Vrignault.

Le 18 mai, l'imprimerie Dubuisson fut occupée mili-
tairement, et les rédacteurs du *Républicain* traqués
partout. Le journal ne pût donc paraître le 18 mai, mais
le 19, n'ayant pas reçu de la Commune la notification
officielle de sa suppression, il reparaît malgré tout, en
portant ses bureaux d'administration, 3, rue d'Argout et
en ne désignant l'imprimerie que par cette note :

*Imprimerie spéciale du Républicain, faub. Saint-
Denis.*

Le décret du lendemain matin le contraignit l'arrêter
sa publication.

LE RÉVEIL DU PEUPLE

Paraissant tous les jours.

Administration et bureau de vente principal : 9, rue
d'Aboukir. — Directeur : O. Advenant. — Gérant et
imprimeur du *Réveil* · Lefebvre, 9, r. d'Aboukir pour les
nos 1 et 2 : et Rapas, même adresse, du no 3 à la fin.
Au lieu de ce dernier nom, le numéro 3 porte par
erreur : Kapas.

Feuille simple, grand format. Prix : dix centimes.

34 numéros, du mardi 18 avril 1871 (28 germinal an 79), au lundi 22 mai (3 prairial).

RÉDACTEURS : A. Jacquot, Advenant, L. Brémond, Emile Richard, Noël, Mondbrel.

On ne voit de signatures dans le journal qu'à partir du n° 32 (samedi 20 mai), sauf celle du citoyen M. Nádaud qui a signé dans le début une série de lettres ayant pour titre : MUNICIPALITÉS.

Cette feuille fut créée par les anciens rédacteurs du *Réveil*. Le premier numéro du nouveau journal contient une lettre de Ch. Delescluze à ses collaborateurs, où il explique son absence de la rédaction :

« .... *Mon état de santé, mes occupations comme membre de la Commune ne me laissent ni le temps ni la liberté d'esprit dont j'aurais besoin pour m'associer d'une manière permanente et régulière à vos travaux.*

« *Je viens donc seulement, en vous souhaitant cordialement la bienvenue, vous présenter à nos amis, comme les continuateurs loyaux de la politique que nous avons soutenue de concert dans le* RÉVEIL. »

Le 20 avril, le *Rveil du peuple* ne parut pas. Le n° 3 porte : *jeudi-vendredi 20-21 avril* (1-2 floréal).

Les numéros 12 et 25 sont rares.

LA RÉVOLUTION

Journal quotidien.

Alex. Marin, rédacteur en chef. — Adrien Guionie, gérant. — Administration: 13, r. du Helder. — Imprimerie Kugelmann, 13, r. du Helder.

RÉDACTEURS : Alex. Marin et Réné Sarazin.

Feuille simple, moyen format. Prix : 5 centimes. — Première année, n° 1, 5 décembre 1870.

A cette époque, cette publication s'arrêta brusquement au 1er numéro, par suite, disent les fondateurs du journal, des conséquences douloureuses du siége, mais plutôt à cause de certaine scène de pugilat provoquée par les exigences financières de l'imprimeur.

Pendant la Commune, le journal reparaît, mais une seule fois, sousle n° 2, le mardi 11 avril 1871 (22 germinal, an 79). Le titre est en caractères plus gros que ceux du n° 1. Le sous-titre porte : *Journal politique quotidien.* — Administration : 14, r. des Jeûneurs. — lmprimerie de l'Assoc. ouvrière. Masquin et Cᵉ.

Feuille simple, grand format. Prix : 10 centimes. Gérant : A. Guionie.

La rédaction résumait ainsi son programme :

« *Liberté et progrès ; affranchissement du travailleur par l'association. — Vive la France ! — Vive la République ! — Vive la Commune !* »

LA REVOLUTION POLITIQUE ET SOCIALE

ASSOCIATION INTERNATIONALE DES TRAVAILLEURS.

Sections de la gare d'Ivry et de Bercy réunies

Rédacteur en chef : JULES NOSTAG (de l'Internationale).

Administrateur-gérant : V. Masquin (de l'Internationale). — Rédaction et administration, 19, faub. Saint-Denis. — Imprimerie de l'Assoc. générale faub. Saint-Denis, 19, Berthélemy et Cᵉ. — Vente en gros : les deux premiers numéros, r. du Croissant ; les numéros 3 et 4, 19, faub. Saint-Denis et les trois derniers numéros, chez Heyman et Polack, 6, r. du Croissant.

REDACTEURS : J. Nostag, B. Malon, H. Goullé, Georges Bertin, L, Lavérine, Hamet.

Feuille simple, grand format. Prix : 10 centimes.

Sept numéros, du dimanche 2 avril 1871 (13 germinal an 79), au lundi 15 mai (25 floréal).

J. Nostag termine le programme de ce journal par ces mots :

« *Soyons révolutionnaires. La révolution c'est le progrès en marche vers un but, le bien-être de tous.*

. . . .

» *Vive la Révolution politique et sociale !* »

LA RÉVOLUTION POLITIQUE ET SOCIALE

Rédacteur en chef-Gérant : Jean Jacques Danduran. — Imprimerie Turfin et Juvet, 9, cour des Miracles. — Bureaux de rédaction : à l'imprimerie. — Bureaux de vente : 7, rue du Croissant.

RÉDACTEURS : Danduran, Thomas, Ernest.

Un seul n° spécimen, en date du 26 floréal 79 (16 mai). Prix : 5 centimes.

Feuille simple, grand format, avec ces trois lignes pour programme :

« NOTRE BUT ! »

« *La République démocratique et sociale univer-selle.*

« *Nous irons droit au but.* »

RIGOLETTO
Journal illustré.

Directeur-gérant : Laglaize. — Dessinateur : E. Landreyt. — Feuille in-4°, petit format, en vente, 16, r. du Croissant et chez tous les libraires. — Imprimerie Vallée.

Le premier numéro est du vendredi 24 mars 1871. Prix : 5 centimes. — Titre illustré, mais en noir.

Le deuxième numéro, qui est le dernier, est du 30 mars. — Prix : un sou. — Il annonçait qu'il paraîtrait désormais le jeudi. — Le titre est le même qu'au 1ᵉʳ numéro, seulement le fond est colorié en rouge.

Rigoletto se voyait avec plaisir attaqué par les grands journaux :

« *Quelques grands formats nous font l'honneur de nous attaquer.*

« *Nous avons soutenu la Commune ; voilà notre crime.*

« *Ecumez ! messieurs les* RÉACS !

« *Grincez ! citoyens cagots !*

« *Votre colère est notre premier succès.* »

LA ROUGE
Journal des jeunes.

Journal quotidien.—Bureaux de rédaction : faub. Saint-Denis, 19. — Bureaux de vente : 6, r. du Croissant. — Gérant ; Fondeville. — Imprimerie de l'Assoc. gén. typogr., Berthélémy et Cⁱᵉ.

Rédacteurs : Fondeville, Georges Gallet, A. Bellivier, Ch. Duplan, Bordier, Honoré Benoist.

Feuille double, petit format. Prix : un sou.

Deux numéros seulement, parus les mercredi et vendredi 17 et 19 mai 1871.

En tête de chaque numéro, la rédaction insérait un article fort violent. Le premier se termine ainsi :

« *Arrière les sentiments et les mots sonores qui ont fait tout le bagage de la vieille politique !*

» *Eh bien ! qu'à ce moment le sabre ait seul la parole. Nous allons essayer de poser les jalons qui montreront à la victoire le chemin qui doit la conduire au but.* »

LE SALUT PUBLIC

Directeur politique : Gustave MAROTEAU.

Rédaction : 11, faub. Montmartre. — Bureau de vente : 8, r. du Croissant. — Gérant : Gustave Maroteau. — Imprimerie Schiller, 10, faub. Montmartre.

Rédacteurs : A. Maire, G. Sauton, Dillon-Kavanagh, Fernandez.

Feuille simple, grand format. Prix : cinq centimes.

7 numéros, du mardi 16 mai 1871 (27 floréal an 79), au mardi 23 mai (4 prairial).

Les n° 2 et 3 sont mal datés : ils portent *mercredi 18 mai* et *jeudi 19 mai* au lieu de 17 et 18 mai.

Le troisième n est par erreur numéroté *n° 2* à droite du titre.

Le *Salut Public* ne parut pas le dimanche 21 mai.

Le numéro 7 et dernier n'est imprimé que d'un côté : il contient un APPEL AUX ARMES du *Salut public*, dans lequel nous lisons :

« *Si Thiers est vainqueur, vous savez la vie qui vous attend. Plus d'avenir ! plus d'espoir ! Vos enfants, que vous aviez rêvés libres, resteront esclaves; les prêtres vont reprendre leur jeunesse ; vos filles, que vous aviez vues belles et chastes, vont rouler flétries dans les bras de ces bandits.*

AUX ARMES ! AUX ARMES !

« *Pas de pitié. — Fusillez ceux qui pourraient leur tendre les mains !......* »

LA SCIE

Organe des aliénés.

Petite feuille in-4°, sans date et sans texte, toute entière illustrée par MOLOCH. — Editeur : Deforêt et César, 64, r. Neuve-des-Petits-Champs. — Imprimerie Talons, place du marché Saint-Honoré, 19.

Deux numéros parus.

La gravure principale du second numéro est fort leste. Elle représente un abbé plongeant sa main dans un *Tronc pour les âmes du Purgatoire.* A ses côtés une jeune femme hardiment décolletée, relève galamment ses jupons. Au-dessous du dessin, la légende suivante :

— « *Comment ! nous n'avons que trois balles !*

— « *Que veux-tu, ma chère Troufignette, puisque nous n'avons plus à boulotter que les troncs !.... »*

LA SOCIALE

Journal politique quotidien du soir.

48 numéros, du vendredi 31 mars 1871 (10 germinal an 79) au mercredi 17 mai (27 floréal).

Feuille simple, grand format, sauf le numéro 1 qui est double et en petit format. Prix : un sou.

Bureaux et imprimerie spéciale de *la Sociale,* 16 r. du Croissant. A. Dubois.

Cette feuille était faite par Vermesch et les autres rédacteurs du *Père Duchêne.* Mme André Léo y a collaboré et a signé plusieurs articles. — Avec elle ont signé au journal Maxime Vuillaume et Camille Barrère.

Le numéro 11 dela *Sociale* est très-rare ; certains numéros portent bien n° 11, lundi 10 avril, mais la plus grande partie a été tirée avec l'interversion suivante : *N° 10, Lundi 11 avril.*

Le véritable n° 10 porte la date du dimanche 9 avril.

Une erreur moins grave a eu lieu au n° 24 : Le Dimanche, 23 avril, porte : *Samedi, 23 avril.*

Le 30 avril, n° 31, *la Sociale* commença la publication d'un roman-feuilleton intitulé : *Les Pauvres bougres,* par Jacques Cousin. Par une singulière coïncidence la première partie de ce roman finit précisément le jour où le journal dut suspendre sa publication.

LA SOUVERAINETÉ DU PEUPLE
Journal des idées sociales.

Rédacteur en chef : Auguste PETIT.

Administration : 14, r. des Jeûneurs. Vente : 13, r. du *emplet*
Croissant. — Imprimerie Nouvelle, r. des Jeûneurs, 14.

Feuille simple, petit format. Prix : 5 centimes.

Ce petit journal n'eût qu'un numéro, sans date
(mai 1871), avec ce programme :

« *Recherches sur la meilleure forme de gouvernement dans un état composé d'hommes libres. Pas de
mots : Des idées, des actes.* »

LE SPECTATEUR
Politique, scientifique et littéraire.

Bureaux : 10, faub. Montmartre. — Gérant-respon- *par LM 2*
sable : A. Pasquier. — Imprimerie Schiller, faub. Montmartre, 10.

Feuille double, grand format. Prix : quinze centimes.

Trois numéros, du mercredi 10 mai au vendredi
12 mai 1871.

Rédacteurs : E. Masseras, Dʳ Decaisne.

Le *Spectateur* remplaça le journal la *France* lorsque
celui-ci fut supprimé par la Commune. — Il subit le
même sort à son troisième numéro.

LE TAM-TAM

Revue critique des polichinels politiques, financiers,
religieux et autres, par Napoléon Citrouillard.

Vente chez Chatelain, 13, r. du Croissant et dans les
bureaux du Tintamarre, 151, r. Montmartre.

Feuille double, moyen format. — Prix : 10 centimes.
Gérant : Commerson. — Imprimerie Morris père et fils,
r. Amelot, 64.

Au-dessus du titre une petite vignette représentant un
polichinelle (Napoléon III) assis sur le bord de son
théâtre et frappant sur une cymbale.

Un numéro spécimen du 10 mars 1871 ; le numéro 2
du 18 mars ; le numéro 3 et dernier du 1ᵉʳ avril. Il n'y a
pas eu de numéro 1 ; le numéro spécimen en tient lieu.

LE TRAIT-D'UNION

Journal français.

Directeur-gérant : Z. DEPLACE.

Administration et rédaction : 11, r. du faub. Montmartre. — Imprimerie Schiller, 10, faub. Montmartre.

La seule signature de rédacteur qui existe dans ce journal est celle de Raoul d'Estaing qui n'apparaît qu'au cinquième et dernier numéro.

COLLABORATEUR : Dr H. Gaye.

Feuille simple, moyen format. Prix : 5 centimes.

Le numéro 5, dont les caractères du titre sont légèrement modifiés, est en grand format. Prix : 10 centimes.

Cinq numéros, du samedi 8 avril au jeudi 13 avril 1871.

En tête du premier numéro, la Rédaction écrivait, dans un AVIS AU LECTEUR :

« *Le* TRAIT-D'UNION, *son nom l'indique, n'est qu'un journal éphémère et tout d'actualité.*

» *Sa politique est celle du moment; son but, c'est de rallier tous les parts sous le même drapeau, le drapeau de la France, de la République, de la Liberté.*

« *Il veut être enfin le trait-d'union de tous les citoyens.* »

A l'occasion de la fête de Pâques, le journal ne parut pas le dimanche 9 avril, à la date du *lundi 10 avril.*

———

LE TRIBUN DU PEUPLE

Rédacteur en chef : LISSAGARAY.

Rédaction et administration ; 152, r. Montmartre. — Bur. de vente : 6, r. du Croissant.

Gérant : V. Simond. — Co-gérant : Edmond Lepelletier. — Imprimerie du *Tribun du Peuple*, 9, r. d'Aboukir.

Feuille simple, grand format. Prix : 10 cent.

Huit numéros, du mercredi 17 mai 1871 (26 floréal an 79), au mercredi 24 mai (5 prairial).

Le n° 7 porte par erreur : *n° 6, mardi 23 mai.* Le véritable n° 6 est du lundi 22 mai.

RÉDACTEURS : — Marius, Henry Maret, Ed. Lepelletier.

LE TRIOMPHE DE LA RÉPUBLIQUE

Feuille simple, moyen format. Prix: 5 centimes. — Imprimerie J. Bonaventure, 55, q. des Grands-Augustins. *[manuscrit: j'ai le N°]*

Six numéros, du 23 au 27 mars 1871.

La bibliographie de ce journal bizarre créé par J. P. Bertrand, n'est guère possible sans d'assez longs détails.

Les n° 1 et 2, datés tous deux du 23 mars, ont simplement pour titre, en majuscules énormes :

LE TRIOMPHE DE LA RÉPUBLIQUE.

Le n° 1 n'est pas signé. Ils sont identiques comme texte, à l'exception d'une d'zaine de lignes insignifiantes, mises au bas de la première page, sous le titre prétentieux de : *Nouvelles officielles.*

— Le titre des n°s 3 et 4 est ainsi modifié :

LE TRIOMPHE DE LA RÉPUBLIQUE
Journal politique quotidien.

Rédacteur en chef : J. P. BERTRAND.

Vente en gros chez Chatelain, 13, r. du Croissant. — Administration : q. des Grands-Augustins, 55.

Au-dessus du filet du titre : *Assemblée de Versailles, n° 3. — 5 centimes. — 24 mars 1871.*

Le n° 4 est la reproduction exacte du n° 3, sauf cependant la suppression au verso du n° 4, de la date du dernier article : *Paris 23 mars 1871.*

Il est bon de noter en passant que cet article, qui tient deux colonnes en gros caractères, est reproduit dans les six numéros du journal. M. Bertrand ménageait autant les frais d'imagination que de composition.

— Nouvelle modification du titre aux numéros 5 et 6. Le texte est en caractères plus gros, sur trois lignes, au lieu d'une seule, comme aux deux précédents n°s. Dans le n° 6, la date est remplacée par : *La Commune de Paris.*

———

L'UNION FRANÇAISE
Journal de la République fédérale. *[manuscrit: j'ai les N°s 1-2-5-6-11]*

Publication fondée par M. Emile de Girardin avec cette devise :

« *Conciliation sans transaction! — Ni Révolution, ni Réaction. — L'Ordre par la Liberté!* »

COLLABORATEURS. — Ernest Desmarest, Ch. Vir-maître.

Feuille simple, grand format. Prix : 5 centimes. — Imprimerie Serrière, 123, r. Montmartre.

Douze numéros, du vendredi 5 mai au mardi 16 mai 1871.

Les six premiers numéros portent de chaque côté du titre les armes de l'Union américaine. A partir du n° 7 jusqu'à la fin, ces armes sont remplacées : à droite par la devise des Etats-Unis : *E pluribus unum ;* — à gauche, par celle de la Confédération Helvétique : *Un pour tous et tous pour un.*

Plusieurs amateurs croyaient qu'il existait un n° 13. C'est une erreur. Ce numéro a été en partie composé à l'imprimerie Serrière, mais n'a jamais paru.

LE VENGEUR

Directeur politique : FÉLIX PYAT.

Rédacteur en chef : Odilon Delimal. — Adminis-tration : rue Tiquetonne, 66. — Gérant : Ch. Heurtebise. — Imprimerie Nouvelle (association ouvrière), 14, rue des Jeûneurs. G. Masquin et Cᵢᵉ.

Feuille simple, grand format. Prix : 10 centimes.

Ce journal a eu deux périodes distinctes : La première qui commence au n° 1, le vendredi 3 février 1871 (15 pluviôse, an 79), et qui finit au n° 35, samedi 11 mars (21 ventôse), par suite du décret de suppression du gé-néral Vinoy. — La seconde qui commence sous la Com-mune, au n° 1 (2ᵉ série), le jeudi 30 mars (10 germinal) pour finir au n° 56, le mercredi 24 mai (5 prairial). — En tout 91 numéros.

PREMIÈRE SÉRIE.

Le n° 1 commence par cette déclaration : « *Le* VENGEUR *succède au* COMBAT. — *Même équipage, même pavillon, celui de la République......... »*

Toute cette première série est encadrée d'un filet de deuil.

Le n° 6 contient le fameux article de Millière, in-titulé : *Le Faussaire*, article, qu'il avait annoncé déjà l'année précédente, dans *le Combat* des 25 et 29 no-vembre ; c'est le dossier de la vie privée de J. Favre, mise impitoyablement à nu par son ennemi. Ce numéro eut deux tirages : le premier, qui fut vendu à Paris, et le second, tiré à grand nombre, qui fût distribué en province. Ce dernier est reconnaissable à ce signe : 🔲 qui se trouve dans le 3e fascicule, entre la 11e et la 12e ligne.

Le 20 février (n° 18), M. A. Rogeard remplace à la tête de la Rédaction M. Delimal qui se rend à Bordeaux pour faire le courrier de l'Assemblée.

Le 1er et le 2 mars *le Vengeur* ne parût point à cause de l'entrée des Prussiens dans Paris. Il avait conseillé de rester chez soi et de faire le vide autour de l'ennemi. « *Ayons*, dit-il, *la dignité du malheur et préservons-nous de la folie du desespoir.* »

Le 10 mars (n° 34), le citoyen Delimal reparaît à la tête de la Rédaction et le journal est imprimé désormais chez Dubuisson, rue du Coq-Héron. De là la modification des caractères d'impression du titre. Dans ce numéro, Cluseret fait un appel violent à la garde nationale, au sujet d'Aurelles de Paladine, qui venait d'être nommé général en chef :

« *L'Assemblée*, dit-il, *n'est plus qu'un groupe de factieux, du jour où elle refuse de se dissoudre.......*

.... Faites-vous respecter en arrêtant et mettant en accusation l'homme coupable qui après avoir aidé à faire le coup d'Etat, trahit une seconde fois la France en livrant l'armée de la Loire. »

Le lendemain le journal fut supprimé et le n° 35 termina la première série.

RÉDACTEURS *principaux* : F. Pyat, Delimal, Rogeard, H. Brissac, H. Maret, Em. Clerc, Clodong, P. Denis. Millière, Cam. Bias, A. Monnanteuil, J. Troubat, Max. Vuillaume, A. Humbert, Cluseret, Germain Casse.

DEUXIÈME SÉRIE.

N° 1 — 2 série — jeudi 30 mars 1871 (10 germinal an 79). Administration et bureaux de rédaction : 38, boul. Sébastopol. — Directeur : Félix Pyat. — Imprimerie Vallée, 16 r. du Croissant. — Vente en gros chez Roy, 16, r. du Croissant, jusqu'au 12 mai (n° 44) et du n° 45 à la fin, 21, même rue.

Dans le premier numéro, F. Pyat célèbre la réapparition du *Vengeur* :

« *Vinoy avait tué le* VENGEUR. *Le peuple 'a* ɾɛsus-
cité.

« *Le* VENGEUR *reparaît avec la Révolution. Il a quitté
son pavillon de deuil : c'est la victoire.*

« *Plus de crêpe à son mât ! Il arbore aujourd'hui les
vives couleurs de la Révolution triomphante, de la
Commune révolutionnaire. Il arbore le drapeau
rouge............»*

Ce premier numéro eut une seconde édition, dans la-
quelle *les Nouvelles* furent remplacées par les premiers *Décrets de la Commune* et *l'Organisation des
Commissions.*

A partir du n° 3, le nom de *Vallée* disparaît comme imprimeur et le journal porte jusqu'au n° 44 (12 mai) : I n-
primerie spéciale du journal *le Vengeur*, 16, r. du Croissant. A partir du n° 45, samedi 13 mai, il est imprimé
19, faubourg Saint-Denis.

C'est le 10 avril (n° 12) que figure pour la première
fois le nom de Rogeard comme Secrétaire de la Rédaction.

Dans les deux derniers numéros du *Vengeur* qui sont
imprimés en forme de placards, l'adresse de l'imprimerie
est supprimée. Le n° 54 est par erreur daté du 22 mai
au lieu du 23. — Ils contiennent tous deux des procla-
mations adressées au peuple de Paris et aux soldats par
la rédaction du *Vengeur :*

« *Soldats*

« *Désarmez, nous sommes frères : si vous attaquez,
vous ne sortirez pas. Vous avez pénétré dans l'antre.
Gare le lion ! Ecoutez le tocsin, la générale, le canon.
C'est son rugissement...... Prenez garde ! il est in-
vincible... car il combat pour vous en combattant
contre vous. »* (Extrait du n° 54).

« *Citoyens,*

« *Depuis trois jours la lutte suprême est engagée
dans nos murs; la grande lutte entre le droit et le
privilège, entre le peuple et les exploiteurs du peuple;
entre la plus juste des causes et la plus criminelle des
conspirations; entre la République et la Restauration; entre la plus belle des Révolutions et la plus
odieuse des Réactions.*

. . . .

« *Jamais la grande cité n'a autant souffert pour la grande cause; plus que jamais aussi son sacrifice aura été sublime : plus que jamais sa victoire sera féconde, durable et décisive.* » (*Extrait du n 56*).

Rédacteurs : — Félix Pyat, Rogeard, Pierre Denis, M.-A. Gromier, Arthur Monnanteuil, P. Vésinier, H. Bellenger, Junior, Millière, Maurice Lachâtre, A. Letellier, F. Gambon. Henri Brissac, Matuszewicz, Ferdinand Bias, H. Ségoillot, Jules Troubat, A. Hubert, Cam. Bias, Cam. Clodong, Et. Ducret, F. Decaudin.

Réimpressions. — Le n° 56 est très-rare. Il a été réimprimé dernièrement avec les caractères de l'imprimerie du faubourg Saint-Denis, mais avec une faute tellement grossière, qu'il est impossible de s'y tromper.

La signature de C. Clodong qui se trouve en gros caractères au bas de la proclamation au peuple de Paris a été reproduite ainsi : C. Claudong.

Une nouvelle réimpression est sous presse en ce moment. Elle est faite pour le compte de l'industriel qui a fait réimprimer chez Rochette les n° 143 et 114 de l'*Officiel*. Nous souhaitons pour lui qu'elle soit mieux faite que toutes les contrefaçons grossières et sans soin qui ont été tentées jusqu'ici.

Le numéro 1, première série, est également l'un des plus rares de la collection.

LA VÉRITÉ

Journal politique quotidien.

Rédacteur en chef: Edouard Portalis.

Avec cette épigraphe: « *A la Liberté par la vérité; — A la vérité par la Liberté.* » Ulrich de Hutten.

Directeur-gérant: Roger de la Lande, qui cesse le 15 mai de prendre part à la direction et à la rédaction de la *Vérité*. M. Edouard Portalis signe comme gérant à partir du n° 227 (21 mai). — Administration : 15 r. Monsigny. — Rédaction : 14, r. des Jeûneurs. — Le samedi 25 mars, les bureaux d'administration et de rédaction sont transférés 13, r. du Helder. — Imprimerie Nouvelle (Assoc.

ouvrière), 14, r. des Jeûneurs Masquin et Cⁱ , jusqu'au
n° 170, et à l'imprimerie Kugelmann, 13, r. du Helder,
du n° 171 à la fin.

Feuille double, sauf le n° 231 qui dût paraître sur feuille
simple, à cause de la difficulté de se procurer du papier
pendant la bataille des rues du 23 mai. — Grand format.
— Prix : quinze centimes, et dix centimes à partir du
n° 166.

RÉDACTEURS : Paul Duverger, Ernest Menault, Ch.
Buray, Dʳ Decaisne, J.-A. de Semur, Eug. Audouard,
Jules Le Petit, A. Desmoulins, Maurice Cristal, E.
Muntz.

Le n° 175 est daté du jeudi 29 mars au lieu de : *jeudi
30 mars*.

C'est le 14 avril (n 190), que M. Edouard Portalis,
annonçant la saisie de son journal et de ses rédacteurs
par les agents de M. Ernest Picard, fit, dans un long article intitulé : NOTRE POLITIQUE, la déclaration suivante :

« ... *J'aurais aidé de toutes mes forces au succès
de la Révolution du 18 mars, si cette révolution avait
été faite comme cela semblait d'abord convenu, dans
le but d'assurer à Paris ses franchises municipales et
le droit de s'administrer lui-même.*

« *Si au lieu d'outrepasser les limites de ses légitimes
attributions et de recourir à la force,........,la Commune régulièrement élue se fut contentée d'arborer
le drapeau des libertés communales, nous serions, ne
vous y trompez pas, dans les rangs des insurgés.* »

La *Vérité* fut violemment attaquée dans l'*Officiel* de
Versailles du 25 avril, et traité de *communeuse*, au sujet
d'une série de Lettres, signées : *Le Bon Rouge*, qu'elle
publiait chaque jour dans ses colonnes.

Le n° 230 est très-rare.

Ce journal a continué sa publication.

TABLE ALPHABÉTIQUE

DES

JOURNAUX DE LA · COMMUNE

AVEC

le Prix-Courant de chaque collection.

A

Action (l')	6 numéros	15 fr
Affranchi (l')	24 —	25 »
Ami du Peuple (l')	4 —	8 »
Anonyme (l')	2 —	1 »
Avant-Garde (l')	68 —	35 »

B

Bonhomme Franklin (le)	8 —	3 »
Bonnet rouge (le)	13 —	15 »
Bon sens (le)	6 —	10 »
Bulletin Communal (le)	1 —	5 »
Bulletin du jour (le)	8 —	10 »

C

Caïn et Abel....................	3 —	10 »
Caricature politique (la)	6 —	10 »
Carmagnole (la)............ ...	6 —	3 »
Châtiment (le). *Edition de Paris*	22 — ......,	35 »
Châtiment (le). *Edition complète.*	39 —	50 »
Chefs révolutionnaires (les)	1 —	1 »
Combat (le)....................	131 —	75 »
Commune (la)....................	60 —	50 »
Commune dévoilée (la)...........	1 —	1 »

Constitution politique et sociale ('a).	7 numéros........		10 fr.
Corsaire (le).....................	9	—	6 »
Courrier du Dimanche (le)........	4	—	10 »
Courrier du Soir (le)............	1	—	5
Cri cri (le).....................	5	—	15
Cri du Peuple (le).....;........	83	—	50

D

Discussion (la)................	5	—	10
Drapeau (le)...................	1	—	1 »
Drapeau rouge (le).............	1	—	1 »

E

Echo de Paris (l').............	3	—	4 »
Echo du Soir (l').............	6	—	10 »
Estafette (l')..................	30	—	25 »
Etoile (l').....................	8	—	12 »

F

Faubourg (le)...................	1	—	1 »
Fédéraliste (le)................	2	—	2 »
Fédération communale (la).......	1	—	1 »
Fédération républicaine (la)......	4	—	20 »
Fédéré des Batignolles (le).......	1	—	10 »
Fils du Père Duchène (le)........	10	—	5 »
Fambeau républicain (le)........	9	—	5 »
Flèche (la).....................	2	—	3 »
Fronde illustrée (la)............	1	—	2 »

G

Grelot (le).	25	—	5 »
Guêpe (la).....................	1	—	2 »

H

Homme (l').....................	7	—	15 »
Homme Libre (l')...............	5	—	10 »
Honneur National (l')...........	16	»	15 »

I

Indépendance Française (l').......	8 numéros........		10 fr.

J

Jacques Bonhomme..............	8	—	4 »
Journal Officiel (le) *Grande Édition*.	67	—	100 »
Journal Officiel (le) *Edition du soir*.	61	—	50 »
Journal populaire (le)...........	7	—	8 »
Journal du Soir (le)........r...	3	«	5 »
Justice (la)....................	10	—	15 »

L

Ligue du Bien Public (la)........	1	—	1 »
Livre rouge (le)...............	1	—	3 »

M

Marseillaise (la)................	157	—	100 »
Mémoires du Père Duchène (les)..	1	—	1 »
Mère Duchène (la), *marchande de Berlingots*..................	3	—	6 »
Mère Duchène (la) *marchande de Poissons*	3	—	6 »
Moniteur du Peuple (le).........	32	—	20 »
Mont-Aventin (le).............	2	—	8 »
Montagne (la) 22 numéros et un n° 1 bis....................	»	—	25 »
Montagne (la) complète. — 28 numéros....................	»	—	60 »
Mot d'ordre (le).........	86	—	60 »

N

Nation Souveraine (la)..........	19	—	15 »
Némésis galante (la).............	1	—	3 »
Nouvelle République (la) (*Commune*)	13	—	12 »

O

Ordre (l')	4	—	6 »
Ouvrier de l'avenir (l').........	3	—	6 »

P

Paix (la)	4 numéros		3	fr.
Paris-Libre	43	—	40	»
Patrie en Danger (la)	89	—	100	»
Patriote (le) (*Commune*)	6	—	10	»
Père Duchène (le)	68	—	20	»
Père Duchène (le) expliqué par le père Dubois	1	—	1	»
Père Fouettard (le)	9	—	10	»
Pirate (le)	4	—	3	»
Politique (la)	11	—	10	»
Prolétaire (le)	4	—	10	»

R

Rappel (le) (*Commune*)	67	—	35	»
Rappel (le) complet	709	—	250	»
Régénération sociale (la)	1	—	5	»
Régime Constitutionnel (le)	4	—	8	»
Réparateur (le)	11	—	20	»
Républicain (le)	5	—	3	»
Réveil du Peuple (le)	34	—	35	»
Révolution (la)	2	—	3	»
Révolution (la) politique et sociale	7	—	10	»
Révolution (la) politique et sociale	1	— spécimen	2	»
Rigoletto	2	—	2	»
Rouge (la)	2	—	2	»

S

Salut public (le)	7	—	10	»
Scie (la)	2	—	1	»
Sociale (la)	48	—	50	»
Souveraineté du Peuple (la)	1	—	3	»
Spectateur (le)	3	—	5	»

T

Tam-Tam (le)	3	—	3	»
Trait-d'Union (le)	5	—	10	»
Tribun du Peuple (le)	8	—	15	»
Triomphe de la République (le)	6	—	10	»

U

Union française (l')............... 12 numéros........ 10 fr.

V

Vengeur (le) complet............ 91 — .... 60 »
Vérité (la)............... .... 68 — .... 35 »

AVIS AUX AMATEURS

La collection complète et probablement unique que j'ai recueillie pour faire mon travail est mise en vente. — Il ne manque que le placard du CRI DU PEUPLE n° 7. — Les éditions doubles mentionnées dans la présente bibliographie le placard du COURRIER DU DIMANCHE, la FÉDÉRATION RÉPUBLICAINE, le RAPPEL (709 n^os) et toutes les réimpressions signalées spécialement figurent dans la collection.

      Prix..... 2,000 fr.

TABLE CHRONOLOGIQUE

DES

JOURNAUX CRÉÉS A PARIS

Pendant la Commune.

MARS

Dates

. 20 — La Commune.

. 20 — L'Ordre.

. 23 — Le Châtiment.

. 23 — Le Triomphe de la République.

24 — Rigoletto.

. 26 — Le Faubourg.

26 — Le Mont-Aventin.

. 31 — La Sociale.

s. d. — La Commune dévoilée.

AVRIL

1 — La Flèche.

. 2 — L'Affranchi.

. 2 — La Montagne.

2 — La Révolution politique et sociale (7 nos).

3 — La Mère Duchêne (Mde de berlingots).

4 — L'Action.

8 — Le Trait-d'Union.

9 — Le Grelot.

10 — Le Bonhomme Franklin.

. 10 — Le Bonnet rouge.

. 12 — Paris-Libre.

15 — Caïn et Abel.

15 — La Ligue du Bien public.

15 — La Nation souveraine.

. 18 — Le Réveil du Peuple.

. 20 — Le Fils du Père Duchêne.

22 — Le Livre rouge.

. 23 — L'Ami du Peuple.

, 23 — L'Estafette.

25 — Le Courrier du Soir.

25 — Le Fédéré des Batignolles.

26 — L'Echo du Soir.

27 — La Fronde illustrée.

28 — Le Bon sens.

28 — La Paix.

28 — Le Père Duchêne enfin expliqué.

29 — La Némésis galante.

s. d. — La Mère Duchêne (M^le de poissons).

. s. d. — Le Père Fouettard.

s. d. — La Régénération sociale.

s. d. — La Scie.

MAI

. 5 — L'Etoile.

5 — Le Journal du Soir.

. 5 — L'Union française.

6 — Le Bulletin communal.

8 — Le Corsaire.

.10 — La Justice.

.10 — Le Prolétaire.

10 — Le Spectateur.

.11 — L'Anonyme.

.12 — La Discussion.

. 13 — L'Indépendance Française.

14 — Le Régime constitutionnel.

16 — Le Bulletin du Jour.

— 89 —

16 — La Révolution politique et sociale (I n°).
· 16 — Le Salut public.
17 — L'Echo de Paris.
17 — Le Journal populaire.
17 — Le Pirate.
17 — La Politique.
17 — La Rouge.
18 — Le Tribun du Peuple.
18 — La Constitution politique et sociale.
21 — Le Fédéraliste.
21 — La Guêpe.
s. d. — Les Chefs révolutionnaires.
s. d. — Le Drapeau rouge.
s. d. — La Fédération communale.
s. d. — Jacques Bonhomme.
s. d. — Mémoires du Père Duchêne.
s. d. — La Souveraineté du Peuple.

TABLE ALPHABÉTIQUE

DES

Journalistes, Dessinateurs et Gérants

CITÉS DANS CET OUVRAGE

FIN